Wohnungskauf

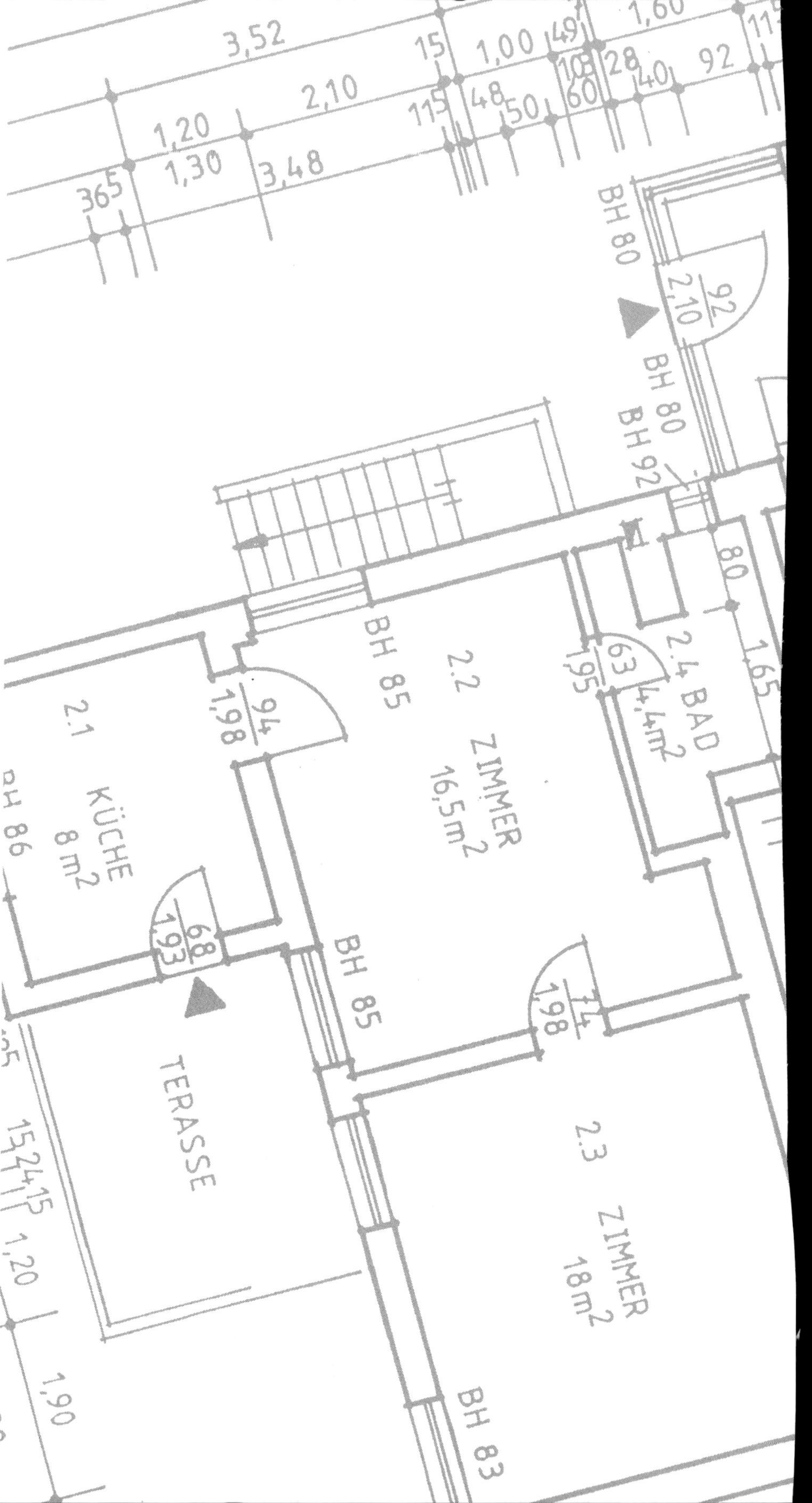
2.1
KÜCHE
8 m2
BH 86
2.2 ZIMMER
16,5 m2
BH 85
2.3 ZIMMER
18 m2
BH 83
2.4 BAD
4,4 m2
TERASSE
BH 80
BH 92
3,52
2,10
1,20
1,30
3,48
1,60
1,65
1,20
1,90

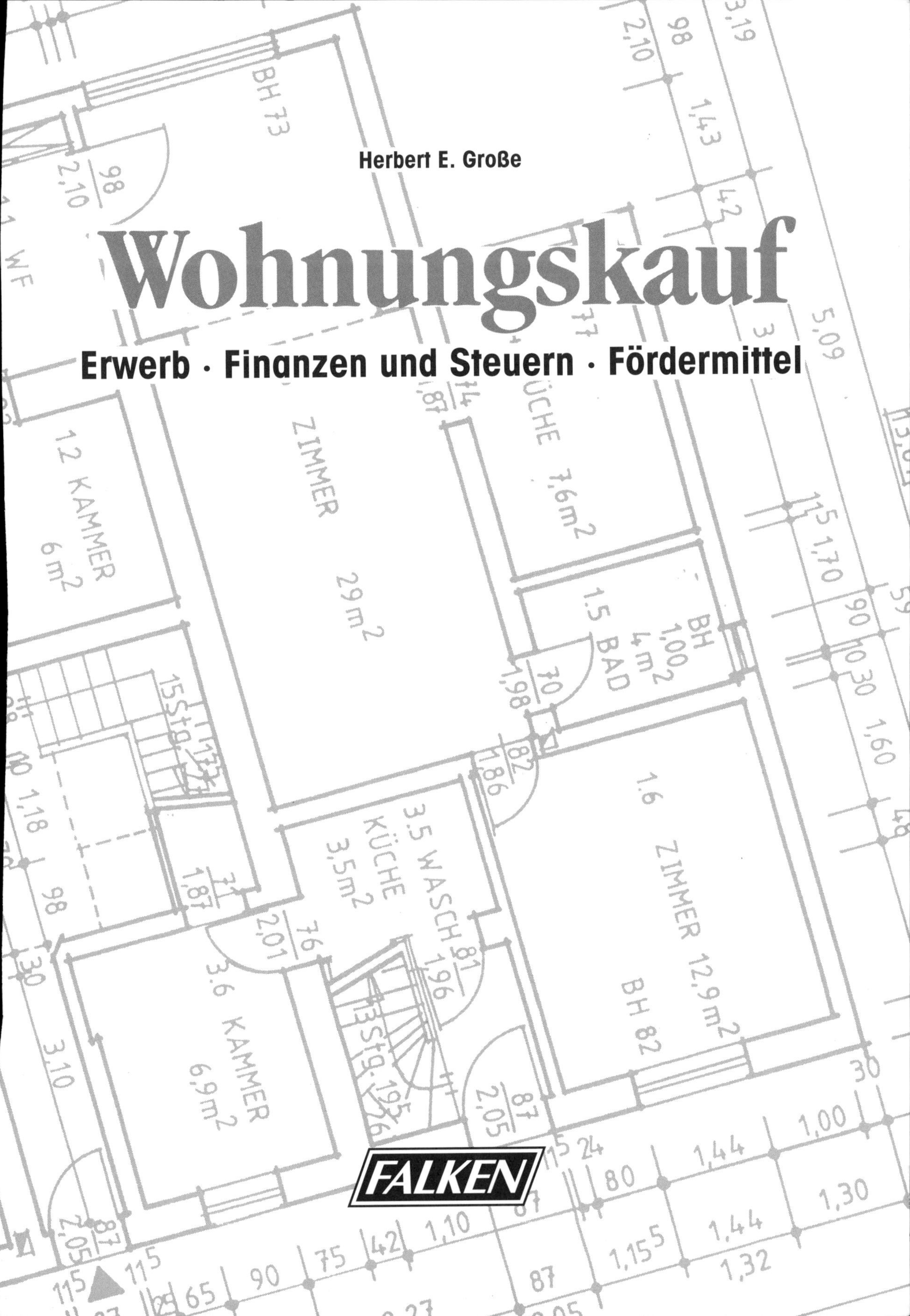

Herbert E. Große

Wohnungskauf

Erwerb · Finanzen und Steuern · Fördermittel

FALKEN

Vom selben Autor ist im FALKEN Verlag bereits erschienen:

Hauskauf: 3-8068-1892-4

Dieses Buch wurde auf chlorfrei gebleichtem
und säurefreiem Papier gedruckt.

Der Text dieses Buches entspricht den Regeln
der neuen deutschen Rechtschreibung.

ISBN 3 8068 2172 0

Umschlaggestaltung: Peter Udo Pinzer
Titelbild: IFA-BILDERTEAM, Bail & Spiegel, München
Schmuckvignetten: Hans-Christian Sanladerer, Leipzig
Formulare: Die Wiedergabe der Formulare auf den Seiten 156–159, 162–169 und 174–177 erfolgt mit freundlicher Genehmigung des DG-Verlags, Wiesbaden
Layout: Horst Bachmann
Redaktion: Thomas Wieke, Monika Staadt-Döge
Herstellung: Albert Brühl

Satz: Raasch & Partner GmbH, Neu-Isenburg
Gesamtkonzeption: FALKEN Verlag, D-65527 Niedernhausen/Ts.

817 2635 4453 6271

Inhalt

Einleitung

Fragen des Erwerbs

Einleitung

Begriffsbestimmungen

Wer sich mit dem Gedanken trägt, eine Eigentumswohnung zu erwerben, muss einige Begriffe kennen, um alle Informationen richtig verstehen und bewerten zu können. Besonders wichtig ist hierbei, was man unter dem **Wohnungseigentum**, dem **Teileigentum**, dem **Sondereigentum** und dem **Gemeinschaftseigentum** versteht.

Das Wohnungseigentum

Unser Bürgerliches Gesetzbuch (BGB) kennt kein Eigentum an realen Gebäudeteilen. Eine Wohnung ist aber ein realer Teil eines Gebäudes. Wegen der großen Wohnungsnot nach dem Kriege hat der Gesetzgeber deshalb am 15.3.1951 das Wohnungseigentumsgesetz (WEG) geschaffen und damit ermöglicht, dass trotz der Vorschriften des BGB ein echtes Eigentum an einer Wohnung überhaupt möglich wird.

In § 1 Abs. II WEG hat der Gesetzgeber das Wohnungseigentum wie folgt definiert: *„Wohnungseigentum ist das Sondereigentum an einer Wohnung in Verbindung mit dem Miteigentumsanteil an dem gemeinschaftlichen Eigentum, zu dem es gehört."*

Das klingt zunächst einleuchtend und gut. Aber was versteht man nun unter einer Wohnung? Jeder von uns versteht mit Sicherheit unter einer Wohnung etwas anderes. Deshalb ist in der Verwaltungsvorschrift zur Abgeschlossenheitsbescheinigung (AVA) die Wohnung wie folgt definiert: *„Eine Wohnung ist die Summe der Räume, welche die Führung eines Haushaltes ermöglichen; dazu gehört stets eine Küche oder ein Raum mit Kochgelegenheit sowie Wasserversorgung, Ausguss und WC.*

Die Eigenschaft als Wohnung geht nicht dadurch verloren, dass einzelne Räume vorübergehend oder dauernd zu beruflichen oder gewerblichen Zwecken benutzt werden."

Nach dieser Definition ist also auch Wohnungseigentum an einer Ein-Zimmer-Wohnung mit Kochgelegenheit möglich. Die einzelnen Räume einer Wohnung müssen nicht unbedingt eine räumliche Einheit bilden. Es ist deshalb auch möglich, dass sich eine Eigentumswohnung auch über mehrere Stockwerke erstreckt. Das Wohnungseigentum kann auch die Nebenräume wie Keller, Boden und Garagen umfassen, wenn sie verschließbar sind und im Aufteilungsplan entsprechend zur Wohnung gehörig gekennzeichnet wurden. Nicht möglich ist dagegen z. B. das Wohnungseigentum nur am WC-Raum.

Vereinfacht kann man es so ausdrücken, dass das Wohnungseigentum ein Sondereigentum an den zu Wohnzwecken dienenden Räumen ist.

Das Teileigentum

Wie soeben ausgeführt, ist das Wohnungseigentum das Sondereigentum an den Wohnräumen. Neben diesen Räumen gibt es aber auch noch Räume, die nicht Wohnzwecken dienen. Das sind insbesondere die gewerblich oder geschäftlich genutzten Räumlichkeiten wie z. B. Läden, Praxen, Werkstätten, Lagerräume, Garagen usw. An solchen Räumen gibt es kein Wohnungseigentum, sondern Teileigentum. Der Gesetzgeber hat das Teileigentum in § 1 Abs. III WEG wie folgt definiert: *„Teileigentum ist das Sondereigentum an nicht zu Wohnzwecken dienenden Räumen eines Gebäudes in Verbindung mit dem Miteigentumsanteil an dem gemeinschaftlichen Eigentum, zu dem es gehört."*

Es ist in einer Wohnanlage möglich, dass Wohnungseigentum und Teileigentum nebeneinander bestehen, wie z. B. bei einer Arztpraxis mit Wohnräumen.

Will allerdings der Eigentümer sein Wohneigentum in Teileigentum oder umgekehrt umwandeln, so müssen alle anderen Eigentümer der Anlage zustimmen, es sei denn, es ist in der Gemeinschaftsordnung eine solche Zustimmung von vornherein ausgenommen.

Das Sondereigentum

Eine Eigentumswohnung kann es naturgemäß nur in einem Gebäude geben, das wenigstens über zwei Wohnungen verfügt. Daraus ergibt sich die Notwendigkeit, dass gewisse Räumlichkeiten ganz allein vom jeweiligen Eigentümer und andere gemeinsam genutzt werden. Aus diesem Grunde ist auch zwischen dem **Sondereigentum** an der Wohnung und dem **Gemeinschaftseigentum** zu unterscheiden. Diese Unterscheidung ist von allergrößter Wichtigkeit, weil es in dieser Frage den meisten Streit zwischen den Wohnungseigentümern gibt. Über sein Sondereigentum kann der einzelne Wohnungseigentümer allein und nach Belieben verfügen, es sei denn, die Verfügung wirkt sich auf das Gemeinschaftseigentum aus. Über das Gemeinschaftseigentum können nur alle Wohnungseigentümer gemeinsam (in der Praxis durch Mehrheitsbeschluss) entscheiden.

Das Sondereigentum als solches hat der Gesetzgeber nicht näher definiert. Unter Sondereigentum versteht man die im alleinigen Eigentum stehende Wohnung mit ihren Bestandteilen, die verändert, beseitigt oder eingefügt werden können, ohne dass dadurch das Gemeinschaftseigentum aller Wohnungseigentümer tangiert wird. Das Sondereigentum bezieht sich also auf

- bestimmte Wohnungen und Räume, die in sich abgeschlossen sind (§ 3 WEG);
- all die Bestandteile der Räume, deren Trennung den Bestand und die Sicherheit des gesamten Gebäudes nicht beeinträchtigen. Hierzu zählen insbesondere die Fußböden, Innentüren, nichttragende Innenwände, Wand- und Deckenputze, die Versorgungsleitungen innerhalb der Wohnung und die Einrichtungen von Bad und Waschräumen (§ 5 Abs. I WEG).

Das Gemeinschaftseigentum

Das Gemeinschaftseigentum definiert der Gesetzgeber in § 1 Abs. V WEG wie folgt:

„Gemeinschaftliches Eigentum im Sinne dieses Gesetzes sind das Grundstück sowie die Teile, Anlagen und Einrichtungen des Gebäudes, die nicht im Sondereigentum oder im Eigentum eines Dritten stehen.“

Man kann also sagen, dass zunächst einmal das Grundstück als solches eindeutig Gemeinschaftseigentum ist. Dazu gehört nicht nur der mit einem Gebäude bebaute Teil, sondern auch die Hof-, Garten- und Abstellflächen. Weiterhin sind Gemeinschaftseigentum die tragenden Gebäudeteile wie z. B. das Fundament, das Dach, tragende Wände, Schornsteine und der Außenputz. Auch die Gemeinschaftsanlagen wie das Treppenhaus, der Fahrstuhl, eine gemeinsame Wachküche oder die Zentralheizung gehören zum Gemeinschaftseigentum.

Gehört zum Haus eine Tiefgarage, befinden sich die Anlagen und Flächen, die gemeinschaftlich genutzt und von allen befahren und betreten werden, in der Regel im Gemeinschaftseigentum, während die einzelnen Stellplätze meist bereits in der Teilungserklärung den jeweiligen Wohneinheiten, an denen

Wohneigentum begründet werden soll, als Teileigentum zugeschlagen werden. Manchmal wird an solchen Anlagen, namentlich bei Stellplätzen im Freien, auch lediglich ein Sondernutzungsrecht eingeräumt, was die Rechtsposition der Eigentümer zueinander natürlich verändert.

Zusammenfassend kann man auch sagen, dass alles das, was nicht Sondereigentum der einzelnen Wohnungseigentümer ist, zum Gemeinschaftseigentum gehört.

Die Begründung des Wohnungseigentums

Bevor eine Wohnung als Eigentumswohnung verkauft bzw. gekauft werden kann, muss erst einmal Wohnungseigentum begründet werden. Es ist also nicht möglich, dass ein Besitzer (richtiger Eigentümer) eines Mehrfamilienhauses einfach die einzelnen Wohnungen als Eigentumswohnungen verkaufen kann. Eine Wohnung wird entweder durch vertragliche Einräumung von Sondereigentum oder durch eine Teilung zur Eigentumswohnung; so bestimmt es § 2 WEG.

Die vertragliche Einräumung von Sondereigentum

Diese Art der Begründung von Wohnungseigentum ist nur möglich, wenn es bei einem bereits bestehenden Gebäude mehrere Eigentümer gibt. Juristisch ganz genau betrachtet, muss es sich um Miteigentum nach Bruchteilen handeln. In der Praxis bedeutet dies, dass z. B. Eheleute, die Miteigentümer zur ideellen Hälfte sind, kein Wohnungseigentum an ihrem Haus begründen können. Sie müssen vorher bzw. gleichzeitig ihr Miteigentum in Bruchteilseigentum umwandeln. Das klingt zwar ziemlich kompliziert, ist aber für einen Käufer wichtig, der über den Kauf einer erst zu begründenden Eigentumswohnung verhandelt. In aller Regel wird dies keine Schwierigkeiten bereiten. Bei in Scheidung lebenden oder bereits geschiedenen Eigentümern kann das aber zu großen Problemen und Verzögerungen führen, sodass der Käufer vor einer Finanzierung seiner erst noch zu begründenden Eigentumswohnung vorsichtig sein sollte.

Die Miteigentümer des Grundstücks müssen das Wohnungseigentum (also das Sondereigentum) durch einen notariellen Vertrag begründen.

Ein solcher Vertrag sieht meist wie folgt aus:

Verhandelt

in/zu .... **am** ....

Vor dem unterzeichneten Notar

....

erschien/en heute:

1. ....

2. ....

Sämtliche Anwesenden sind dem Notar persönlich bekannt.
oder
Die Erschienenen wiesen sich durch Vorlage ihres
BPA Nr. ...... aus.

Nach Unterrichtung über den Grundbuchinhalt beurkunde ich auf Antrag der Beteiligten ihre Erklärungen wie folgt:

Die Erschienenen erklärten:
Wir sind Eigentümer des Grundstücks,
eingetragen im Grundbuch des Amtsgerichtes

.... Band .... Blatt ....
Gemarkung .... Flur .... Flurstück ....
Straße ...., Hausnummer ....
Gebäude- u. Freifläche- Wohnen, ... Größe .... qm.
zu je .... (Angabe der jeweiligen Bruchteile).
Das auf dem Grundstück stehende/noch zu errichtende Wohnhaus besteht aus .... (Anzahl und Lage der Wohnungen).

Wir schließen folgenden Vertrag:

§ 1 Die uns zustehenden Miteigentumsanteile zu je ...... (Angabe der jeweiligen Bruchteile) werden in der Weise beschränkt, dass

a) dem Erschienenen zu 1) das Sondereigentum an der im ...... gelegenen Wohnung nebst den im Aufteilungsplan unter ...... bezeichneten Keller- und Speicherräumen eingeräumt wird;
b) dem Erschienenen zu 2) das Sondereigentum an der im ...... gelegenen Wohnung nebst den im Aufteilungsplan unter ...... bezeichneten Keller- und Speicherräumen eingeräumt wird.

Dem Erschienenen zu 1) wird außerdem das Sondernutzungsrecht an ...... (bestimmter Gebäude/Grundstücksteil, z.B. Pkw-Stellplatz Nr. ...) eingeräumt.

§ 2 Hinsichtlich der Ordnung der Gemeinschaft der Wohnungseigentümer gelten die gesetzlichen Bestimmungen, nämlich die §§ 10–29 des Wohnungseigentumsgesetzes sowie die Vorschriften des Bürgerlichen Gesetzbuches über die Gemeinschaft in ihrer jeweils geltenden Fassung.

Zusätzlich vereinbaren wir als Inhalt des Sondereigentums, dass ein Wohnungseigentümer zur Veräußerung seines Wohnungseigentums der Zustimmung der anderen Wohnungseigentümer bedarf.

Die Erschienenen erklärten sodann:

Wir bewilligen und beantragen,
a) die Einräumung des Sondereigentums,
b) die vorstehende Bestimmung des § 2 des Vertrages als Inhalt des Sondereigentums im Grundbuch einzutragen.

Es soll für jedes Wohnungseigentumsrecht ein besonderes Grundbuchblatt angelegt werden. Das alte Grundbuchblatt soll geschlossen werden. Die Kosten dieses Vertrages und seiner Durchführung tragen die Erschienenen zu je einem Drittel.

Vorgelesen, genehmigt und eigenhändig unterschrieben

Tipp: Wenn Sie eine Wohnung kaufen wollen, bei der das Wohnungseigentum (Sondereigentum) erst begründet werden muss, lassen Sie sich unbedingt den notariellen Vertrag zeigen, bevor Sie finanzielle Verpflichtungen eingehen. Bei Wohnungen, die bereits Eigentumswohnungen sind, genügt ein Blick in das Grundbuch.

In vielen Fällen wird die Eigentumswohnung im Rahmen eines Bauherrenmodells oder eines Bauerrichtungsvertrages angeboten. Gleichgültig, wie sich das „Modell" nennt, allen ist gleich, dass es zum Zeitpunkt des Vertragsschlusses die Eigentumswohnung als solche noch gar nicht gibt. In vielen Fällen ist auch das Grundstück noch nicht im Besitz des Anbieters. Einerseits bieten solche Erwerbsmodelle die Chance, die eigene Wohnung selbst noch – wenn auch im beschränkten Rahmen – nach eigenen Vorstellungen zu gestalten, auf die Ausstattung Einfluss zu nehmen und eine Neubauwohnung zu erwerben. Auf der anderen Seite muss der Käufer aber auch aufpassen, dass er nicht übervorteilt wird. In jedem Falle tritt aber auch insoweit das Problem der Begründung von Wohnungseigentum (Sondereigentum) für den Käufer auf. Näheres zum Bauträgermodell wird ab Seite 53 ff. ausgeführt.

Die Begründung durch Teilung

Nach dem BGB ist eine ideelle Teilung eines Grundstücks durch einen Alleineigentümer nicht möglich. Erst das WEG hat eine solche Möglichkeit geschaffen. Nach § 8 WGB kann ein Alleineigentümer an seinem Grundstück Miteigentumsanteile in der Weise schaffen, dass er durch Teilungserklärung gegenüber dem Grundbuchamt Sondereigentum an bestimmten Wohnungen schafft. Damit entsteht gewissermaßen eine „Einmanngemeinschaft". Erst nach der Veräußerung einzelner Miteigentumsanteile entsteht dann eine „echte" Wohnungseigentümergemeinschaft. Die Teilungserklärung und die Eintragung im Grundbuch erfolgen durch notariellen Vertrag.

Ein solcher notarieller Vertrag sieht in der Regel ungefähr wie folgt aus:

Verhandelt

in/zu .... **am** ....

Vor dem unterzeichneten Notar

....

erschien heute:

....

Der Erschienene ist dem Notar persönlich bekannt.
oder
Der Erschienene wies sich durch Vorlage seines
BPA Nr. ...... aus.

Der Erschienene erklärt, mit dem Antrag auf Beurkundung, zur Begründung von Wohnungseigentum und Teileigentum durch Teilung gemäß § 8 des Wohnungseigentumsgesetzes folgendes:

§ 1
Ich bin Eigentümer des Grundstücks, eingetragen im Grundbuch des Amtsgerichtes .... Band .... Blatt ....
Gemarkung .... Flur .... Flurstück ....
Straße ...., Hausnummer ....
Gebäude- u. Freifläche- Wohnen, ... Größe .... qm
zu je .... (Angabe der jeweiligen Bruchteile).

Das auf dem Grundstück stehende / noch zu errichtende Wohnhaus besteht aus .... (Anzahl und Lage der Wohnungen).

§ 2

Ich teile das Eigentum an dem vorbezeichneten Grundstück gemäß § 8 WEG in Miteigentumsanteile in der Weise, dass mit jedem Miteigentumsanteil das Sondereigentum an einer in sich abgeschlossenen Wohnung (Wohnungseigentum) oder an in sich abgeschlossenen gewerblichen Räumen, Kfz-Abstellplätzen (Teileigentum) verbunden ist, wie folgt:

1. in einen Miteigentumsanteil von .... verbunden mit dem Sondereigentum an der Wohnung Nr. 1 im Haus 1 im Erdgeschoss links, mit einer Wohnfläche von .... qm, bestehend aus: 2 Zimmern, Küche, Bad mit WC, Flur, Terrasse und Keller Nr. 1 im Haus 2,
2. in einen Miteigentumsanteil von .... verbunden mit dem Sondereigentum an der Wohnung Nr. 2 im Haus 1 im Erdgeschoss rechts, mit einer Wohnfläche von ...., bestehend aus: 2 Zimmern, Küche, Bad mit WC, Flur, Terrasse und Keller Nr. 2,

Gesamtsumme: 1000/1000

Die Wohnungen und die nicht zu Wohnzwecken dienenden Raumeinheiten sind in sich abgeschlossen im Sinne des § 3 Abs. 2 WEG und im Aufteilungsplan mit den entsprechenden Nummern bezeichnet.

Aufteilungsplan und Bescheinigung der Baubehörde gemäß § 7 Abs. 4 WEG liegen vor.

§ 3

Gegenstand des Wohnungseigentums und des Teileigentums

(1) Gegenstand des Sondereigentums

Gegenstand des Sondereigentums sind ...

(2) Gegenstand des gemeinschaftlichen Eigentums

Gegenstand des gemeinschaftlichen Eigentums sind ....

§ 4

Ich bewillige und beantrage in das Grundbuch einzutragen:

a) die Teilung des Grundstücks nach Maßgabe des § 2 der Teilungserklärung,
b) die Bestimmungen gemäß § 3 dieser Urkunde als Inhalt des Sondereigentums.

§ 5

Die Abgeschlossenheitsbescheinigung und die Aufteilungspläne liegen vor und werden als Anlage zu dieser Urkunde zu den Grundakten gereicht.

§ 6

Der Verkehrswert des Grundstücks beträgt .... DM

Unterschriften

Tipp: Ein solcher Vertrag kann natürlich viel umfangreicher sein. Dies besonders dann, wenn der Eigentümer nicht eine Einzelperson ist und wenn das Grundstück erst bebaut werden soll. In jedem Fall muss aber eine Teilungserklärung mindestens die im Muster enthaltenen Punkte aufweisen. Der Einblick in diese Teilungserklärung ist besonders dann wichtig, wenn noch keine Grundbucheintragung erfolgt ist und der Käufer bereits finanzielle Leistungen erbringen muss.

Fragen des Erwerbs

Der Erwerb des Wohnungseigentums

Eine Eigentumswohnung kann auf unterschiedliche Art erworben werden. Die angenehmste Art wäre wohl die einer Schenkung oder einer Erbschaft, wobei die anfallenden Schenkungs- bzw. Erbschaftssteuern den Begünstigten auch in Verlegenheit bringen können. Im Normalfall wird allerdings die Eigentumswohnung durch Kauf erworben.

Eigennutzung oder Kapitalanlage?

Wer sich mit dem Gedanken trägt, eine Eigentumswohnung zu kaufen, tut dies in aller Regel aus zwei Gründen. Entweder soll die Eigentumswohnung der Eigennutzung dienen oder es soll sich um eine Kapitalanlage handeln.

Bei der beabsichtigten Eigennutzung steht die Frage der Rentabilität nicht unbedingt im Vordergrund. Wie auch das Einfamilienhaus, lässt sich eine Eigentumswohnung aus kaufmännischer Sicht kaum rechnen. Dies wird an einem ganz simplen Beispiel deutlich. Bei einer Monatsmiete von 1.200,– DM zahlt ein Mieter in 25 Jahren rund 360.000,– DM an Miete. Wer sich eine Eigentumswohnung für 360.000,– DM kauft und diese bei der Bank finanzieren muss, zahlt in 25 Jahren bei einer guten Finanzierung immerhin noch rund 720.000,– DM an die Bank zurück. Die monatliche Belastung betrüge in diesem Falle 2.400,– DM.

Diese Gegenüberstellung berücksichtigt allerdings weder die Entwicklung der Mieten im angegebenen Zeitraum, über die hier nur spekuliert werden kann, noch den Eigenkapitalanteil, den der Käufer aufbringt und dessen Höhe natürlich das Finanzierungsvolumen beeinflusst.

Wer eine Eigentumswohnung selbst nutzen will, hat meist ganz andere Gründe. Die höhere Lebensqualität, die man mit einer Eigentumswohnung erwirbt, lässt sich nicht in Mark und Pfennig berechnen. Letztlich spielt ja auch die Absicherung im Alter, also der Zeit nach der Abzahlung des Kredites, eine nicht unerhebliche Rolle.

Eine ganz andere Rechnung muss man natürlich dann aufmachen, wenn man eine Eigentumswohnung als Kapitalanlage erwerben will. Wer sich mit einer solchen Absicht z. B. zu einem Makler begibt oder wer mit den Immobilienverkäufern diverser Vertriebsfirmen zu tun bekommt, bekommt meist abenteuerliche Rechenkunststücke vorgeführt. Leider gibt es – nicht nur in Deutschland – zu wenige seriöse und solide ausgebildete Makler. Selbst seriöse Zeitschriften wie die „Stiftung Warentest“ beziehungsweise die „Finanztest“ können nur Allgemeinplätze vermitteln oder Standorte zuverlässig testen. Aber auch Steuerberater sind oft nicht in der Lage, eine Eigentumswohnung als Kapitalanlage „korrekt zu rechnen“.

So ist es dem Autor dieses Ratgebers selbst passiert, dass ihm sein Steuerberater eine tolle Steuerersparnis errechnet hat. Nur verdient der Autor gar nicht so viel, dass eine solch hohe Steuer anfallen könnte.

Ob sich eine Eigentumswohnung als Kapitalanlage lohnt, muss jeder Käufer für sich selbst rechnen. Für den berühmten Otto Normalverdiener rechnet sich eine Eigentumswohnung als Kapitalanlage ganz schwer. Eine Rentabilitätsberechnung steht im Prinzip auf drei Säulen:

1. erwartete Wertsteigerung,
2. erzielbare Miethöhe,
3. erreichbare Steuervorteile.

Außerdem sind der Standort des Wohnobjekts und die Zusammensetzung der Wohnungseigentümer zu beachten, um eine sichere Rentabilitätsberechnung vornehmen zu können.

Verkäufer von Eigentumswohnungen verweisen meist auf die sichere **Wertsteigerung** einer Immobilie. Im Prinzip stimmt das, weil man im Allgemeinen nicht davon ausgehen kann, dass eine Immobilie an Wert verliert. Wie unsinnig andererseits diese Allgemeinaussage ist, wird deutlich, wenn man einmal die Standorte betrachtet. Besonders deutlich wird dies, wenn man ein Dorf im „tiefen Westerwald fern eines Ferienzentrums" und Hamburg-Glinde einmal miteinander vergleicht. Aber auch in den einzelnen attraktiven Ballungszentren ist naturgemäß die Wertsteigerung unterschiedlich. So wird man in Bonn sicherlich von einer geringeren Wertsteigerung als in der Nähe des Regierungsviertels in Berlin ausgehen müssen. Eine Wertsteigerung hängt auch noch von anderen Kriterien ab. So müssen die Einkommen der potentiellen Käufer entsprechend hoch und sicher sein. Zur Zeit stagnieren in Deutschland die Einkommen durch sogenannte Nullrunden auf sehr moderate Tarifabschlüsse bzw. werden durch höhere Sozialabgaben und kommunale Gebühren sogar reduziert. Arbeitslosigkeit trifft zunehmend auch die Berufsgruppen, die als Käufer für eine Eigentumswohnung in Betracht kommen.

Schon diese wenigen Beispiele zeigen, dass es nicht seriös ist, wenn man von einer allgemeinen Wertsteigerung spricht. Prognosen, die von einer üblichen Wertsteigerung von 2 Prozent und mehr ausgehen, sind zumindest derzeit nur mit viel Vorsicht zu betrachten.

Tipp: Seriöse Makler und gute Steuerberater verfügen über zuverlässige Standortanalysen. Auch die Stiftung Warentest veröffentlicht in regelmäßigen Abständen gut verständliche Standortanalysen.

Die **Mietrendite** bildet die zweite Säule der Rentabilitätsberechnung. Auch hier muss eindringlich vor den so genannten „Schönrechnern“ gewarnt werden. Im Prinzip gilt das Gleiche wie bei der Wertsteigerungsberechnung. Es wird sicherlich schwierig sein, für eine Wohnung mit einer vergleichbaren Ausstattung im Westerwald und im Regierungsviertel von Berlin oder Hamburg-Glinde die gleiche Miethöhe zu erzielen.

Wenn die Eigentumswohnungen von Bauträgern oder Generalübernehmern angeboten werden, kommt oft eine Garantiemiete für eine längere Zeit zur Sprache. Diese gewerblichen Zwischenvermieter sind in der Regel Tochtergesellschaften des Bauträgers bzw. des Generalübernehmers. Wegen der rechtlichen Selbstständigkeit des Zwischenvermieters kommt es schon einmal vor, dass dieser den Konkurs anmelden muss, ohne dass der Bauträger oder der Generalübernehmer von diesem Konkurs betroffen ist. In diesen Fällen ist es aus mit der Garantiemiete. Der Wohnungseigentümer muss sich dann selbst um Mieter kümmern. Liegt die Garantiemiete gar noch deutlich über der ortsüblichen Vergleichsmiete, ist mit Sicherheit etwas „faul“ an der ganzen Sache. Kein Unternehmer verschenkt Geld oder macht dem Sozialamt Konkurrenz. In diesen Fällen wird entweder ein überhöhter Kaufpreis geschönt oder der Konkurs des Zwischenvermieters ist vorprogrammiert. In diesen Fällen sollten Sie lieber von diesem „supertollen“ Kaufangebot Abstand nehmen.

Tipp: Auf eine Garantiemiete sollte man sich nur dann einlassen, wenn der Zwischenvermieter die langfristige Garantiemiete mit einer Bankbürgschaft absichert. Dies wird in der Regel keine Bank machen. Bei der Kalkulation sollte deshalb die Garantiemiete keine besonders große Rolle spielen.

Steuervorteile kann man mit einer fremd genutzten Eigentumswohnung dann erzielen, wenn man genügend Steuern zu zahlen hat und geschickt rechnet. Zunächst einmal muss man für die vereinnahmten Mieten Steuern zahlen, weil es sich schlicht und einfach um Einnahmen aus Vermietung und Verpachtung handelt. Diese Einnahmen durch Mieten verringern sich um die aufzubringenden Zinsen für das Darlehen, die AfA und die Instandhaltungskosten. Nur wenn diese Beträge höher als die vereinnahmten Mieten sind, verringert sich das zu versteuernde Einkommen des Käufers (Kapitalanlegers). Sind die Mieteinnahmen dagegen höher, erhöht sich auch die Steuerschuld des Kapitalanlegers.

Mit der *AfA* (Absetzung für Abnutzung oder Substanzverringerung) wird die Eigentumswohnung im Jahr der Herstellung bzw. der Anschaffung und den folgenden sieben Jahren mit jeweils 5 Prozent, in den darauffolgenden sechs Jahren mit 2,5 Prozent und in den weiteren 36 Jahren mit 1,25 Prozent abgeschrieben. Absetzbar ist allerdings nur der Wert des Gebäudes und nicht der Wert des Grundstücks. Wenn man also die Bemessungsgrundlage ermitteln will, muss vom Gesamtkaufpreis der Preis für den Grund und Boden abgezogen werden. Wie hoch die tatsächliche Bemessungsgrundlage für die AfA ist, erfährt man entweder vom Steuerberater oder vom Finanzamt selbst.

Bei den *Instandhaltungskosten* muss zwischen den Umbau- bzw. Renovierungskosten vor der Erstvermietung und den gewöhnlichen laufenden Reparaturkosten unterschieden werden. Außerdem sind Höchstbeträge und Rücklagen zu beachten. Insoweit muss jeder Einzelfall zugrunde gelegt werden, sodass in der Regel nur ein Steuerberater oder das Finanzamt eine zuverlässige Berechnung durchführen kann.

Wie hoch die jeweilige Steuerersparnis ist, hängt weiter davon ab, wie hoch der *Steuersatz des Anlegers* ist. Viele professionelle Verkäufer von Eigentumswohnungen rechnen den potentiellen Käufern ganz locker fantastische Steuerersparnisse aus. Je höher der angenommene Steuersatz, desto höher die Ersparnis. Nur, wer kennt schon den tatsächlichen Steuersatz des Käufers? Und welcher Käufer offenbart dem Verkäufer seinen Steuersatz?

Tipp: Wer eine zuverlässige Berechnung einer möglichen Steuerersparnis wissen will, kann das nur von seinem Steuerberater erfahren. Der Steuerberater muss dann aber den Kaufpreis, die Zinsbelastung, die Höhe der Miete, den Bauzustand usw. kennen. Professionelle Verkäufer von Eigentumswohnungen können eine seriöse Berechnung gar nicht vornehmen. Nur die „schwarzen Schafe" unter ihnen können alles besser als die Fachleute.

Wichtig für die Rentabilität einer Eigentumswohnung als Kapitalanlage sind auch noch der Standort und die Zusammensetzung der Wohnungseigentümer.

Der **Standort** der Eigentumswohnung ist nicht nur ein Kriterium für den Wertzuwachs und die erzielbare Miete. Ein weit entfernter Standort kann auch schnell zu einem nicht kalkulierbaren Kostenfaktor werden. Wer z. B. in Dresden wohnt und eine Eigentumswohnung als Kapitalanlage in Dortmund kauft, muss sich entweder „in die Hand" des Verwalters begeben oder erhebliche Fahrtkosten und Zeit aufwenden, wenn er sich selbst um die Wohnung kümmert. Außerdem ist der Wohnungsmarkt an einem entfernten Standort nur ganz schwer richtig zu beurteilen.

Tipp: Je entfernter der Standort vom Wohnort, desto farbiger die Prospekte der Vertriebsfirmen, desto fantastischer die Berechnungen der Immobilienverkäufer und desto höher das Risiko für den Anleger.

Letztlich spielt bei der Rentabilitätsberechnung die **Zusammensetzung der Wohnungseigentümer** eine nicht zu vernachlässigende Rolle. An einem kleinen Beispiel wird das schnell deutlich.

Gehen wir einmal davon aus, dass es zehn Wohnungseigentümer gibt. Neun von ihnen wollen sehr hohe Instandhaltungskosten produzieren, um Verluste zu machen, die sich steuerlich für sie auswirken. Ein Wohnungseigentümer hat ganz knapp gerechnet und kaum Mittel für größere Instandhaltungskosten zur Verfügung. Die neun Wohnungseigentümer werden natürlich hohe und nicht unbedingt notwendige Kosten beschließen. Solche Mehrheitsbeschlüsse sind aber für alle Wohnungseigentümer bindend.

Viele vermögende Kapitalanleger kennen ihre Eigentumswohnungen selbst gar nicht und lassen sich durch Berater vertreten.

Tipp: Vor dem Kauf sollte man sich über die anderen Eigentümer und deren Interessen informieren. Besondere Vorsicht ist dann geboten, wenn eine Person mehrere Wohnungen in einem Objekt erworben hat.

Nachfolgend finden Sie eine Checkliste, mit der Sie überschlägig eine Rentabilitätsberechnung vornehmen können. Denken Sie aber immer daran, dass eine genaue Berechnung so nicht möglich ist. Die Checkliste kann nur als Faustregel gelten. Immerhin kann man damit aber eine grobe Berechnung vornehmen und die Berechnungen und Anpreisungen professioneller Verkäufer überprüfen.

Checkliste für eine Rentabilitätsberechnung

1. Ortsübliche Jahreskaltmiete (diese ortsübliche Miete erfährt man bei der Gemeinde, in der das Objekt liegt, bei den örtlichen Mietervereinen bzw. den örtlichen Vermieterorganisationen) ....
2. Davon abzuziehen sind
   a) AfA – ....
   b) Darlehenszinsen – ....
3. Das Ergebnis sind die zu versteuernden Einnahmen aus Vermietung und Verpachtung (nur wenn ein Minusbetrag herauskommt, ergibt sich eine Steuerersparnis) = ...
4. Ihr persönlicher Steuersatz ....
5. Die Steuerersparnis (Ihr persönlicher Steuersatz von den negativen Mieteinnahmen) = ...
6. Plus Wertzuwachs (wenn Sie von 1 Prozent des Kaufpreises pro Jahr ausgehen, wird es einigermaßen seriös) + ...
7. Zu erwartende Rendite/Jahr = ...

Musterrechnung für eine Eigentumswohnung von 80 qm:

(Kaufpreis 280.000,– DM, davon Grundanteil 80.000,– DM, Eigenkapital 100.000,– DM, Zinssatz für Fremdmittel 7,5 Prozent und ortsübliche Kaltmiete von 10,– DM/qm)

1. Ortsübliche Jahreskaltmiete	9.600,– DM
2. AfA (5 Prozent von 200.000,– DM)	– 10.000,– DM
3. Zinsen für Darlehen	– 13.500,– DM
4. Negative Einnahmen	= 13.900,– DM
5. Steuersatz	25 Prozent
6. Steuerersparnis (25 Prozent von 13.900)	= 3.450,– DM
7. Plus Wertzuwachs	+ 2.800,– DM
8. Rendite	= 6.250,– DM

Die Rendite von 6.250,– DM/Jahr ist aber nur die halbe Wahrheit.

Die Fremdmittel müssen nicht nur verzinst werden, sondern es fällt auch die Tilgung an.

Geht man von 7,5 Prozent Zinsen und einer Tilgung von 1,5 Prozent aus, so müssen für die Fremdmittel von 180.000,– DM pro Jahr 16.200,– DM (9 Prozent von 180.000) vom Käufer aufgebracht werden. Diese 16.200,– DM reduzieren sich natürlich durch die Mieteinnahmen und die Steuerersparnis.

Die Endrechnung sieht also dann wie folgt aus:

Kosten durch Zins und Tilgung	16.200,– DM
Mieteinnahmen	– 9.600,– DM
Steuerersparnis	– 3.450,– DM
real. Wertzuwachs von 1 Prozent	– 2.800,– DM
Zinsverlust für Eigenkapital (5 Prozent von 100.000,– DM)	– 5.000,– DM
tatsächliche Rendite	= – 5.350,– DM

Im Klartext heißt das also, dass diese Eigentumswohnung pro Jahr den Käufer 5.350,– DM kostet. Geht man einmal davon aus, dass die Fremdmittel in 25 Jahren getilgt sind, so hat der Käufer in dieser Zeit neben seinem Eigenkapital in Höhe von 100.000,– DM nochmals rund 135.000,– DM (5.350,– mal 25) aufgebracht. In 25 Jahren kosten die Wohnung also inklusive Eigenkapital rund 235.000,– DM. Selbst wenn man einmal davon ausgeht, dass die Wohnung in 25 Jahren bei einem Verkauf unter Berücksichtigung einer günstigen Wertsteigerung rund 365.000,– DM erbringen würde, ergebe dies einen Gewinn von lediglich rund 130.000,– DM. Auf das Jahr umgerechnet also lediglich eine Rendite von 5.200,– DM (130.000,– durch 25).

Würde der Käufer in unserem Beispielsfall sein Eigenkapital von 100.000,– DM mit einem Zinssatz von 5 Prozent bei einer Bank/Sparkasse sicher anlegen, wäre die Rendite zumindest genauso hoch.

Natürlich hinkt auch dieses Beispiel – wie alle Beispiele – gewaltig. Bei der pauschalen Berechnung sind Zusatzkosten und andere wichtige Details nicht berücksichtigt. Außerdem ergeben sich bei einem höheren persönlichen Steuersatz und bei Ausschöpfung aller Instandhaltungskosten ganz andere Zahlen und damit höhere Renditen.

Und schließlich kann auch über die Zukunft der Währung und über künftige Inflationsraten, die das Zinsniveau und das Verhältnis von Sachwert und Geldwert beeinflussen werden, nur spekuliert werden; außer Acht gelassen werden dürfen diese Faktoren aber nicht.

Auf jeden Fall soll dieses Beispiel aber zeigen, dass die Berechnung der tatsächlichen Rendite entweder sehr schwer oder gar nicht möglich ist. Außerdem macht es deutlich, dass der Käufer „Otto Normalverdiener“ kaum einen höheren persönlichen Steuersatz hat und auch nicht in der Lage sein dürfte, bedeutende zusätzliche Instandsetzungs- bzw. Erhaltungskosten aufzubringen.

Der Erwerb einer Eigentumswohnung durch Kaufvertrag

Ein Kaufvertrag über eine Eigentumswohnung ist im Prinzip lediglich eine spezielle Art eines Kaufvertrages. Die Besonderheit gegenüber anderen Kaufverträgen liegt im Wesentlichen darin, dass ein Wohnungseigentumskaufvertrag notariell beurkundet werden muss (§ 313 BGB).

Wie bei jedem Kaufvertrag muss es einen Verkäufer und einen Käufer geben. Wie es die Bezeichnungen schon ausdrücken, will der Verkäufer etwas verkaufen und der Käufer etwas kaufen. Wenn sich also der Verkäufer und der Käufer über den Kaufgegenstand und den Kaufpreis einig sind, ist im Prinzip schon der Kaufvertrag zustande gekommen.

In unserem Bürgerlichen Gesetzbuch hat der Gesetzgeber dann lediglich in dem § 433 ff. BGB geregelt, wie der Kaufvertrag abgewickelt wird und welche Pflichten und Rechte die einzelnen Vertragsparteien haben. Das ist beim Kauf einer Eigentumswohnung nicht anders als beim Kauf eines Brötchens beim Bäcker.

Wenn sich die Parteien geeinigt haben, hat der Verkäufer die Pflicht, den Kaufgegenstand dem Käufer zu übergeben und zu übereignen. Der Käufer hat die Pflicht, den Kaufgegenstand abzunehmen und den Kaufpreis zu zahlen.

Beim Kauf einer Eigentumswohnung kommt im Prinzip lediglich hinzu, dass der Kaufvertrag als solcher notariell beurkundet werden muss. Es muss nicht einmal unbedingt „Kaufvertrag" über dem notariell zu beglaubigenden Vertragstext stehen. Der Käufer kann vor dem Notar auch ein Kaufangebot abgeben, und der Verkäufer kann vor dem Notar die Annahme des Kaufangebots erklären. Der Eigentumsübergang der Eigentumswohnung erfolgt durch Eintragung im Wohnungs-Grundbuch.

Bevor man sich nun intensiv mit dem Wohnungskaufvertrag beschäftigt, müssen zum besseren Verständnis noch einige Begriffe geklärt werden.

Zunächst einmal ist es ganz wichtig, zwischen einem Eigentümer und einem Besitzer zu unterscheiden. Für jeden Juristen ist es völlig klar, dass zwischen einem Eigentümer und einem Besitzer ein ganz gewaltiger Unterschied besteht. Der juristische Laie hingegen macht zwischen beiden kaum Unterschiede.

Eigentümer

Ein **Eigentümer** hat das umfassende Recht, mit einer Sache in tatsächlicher und rechtlicher Hinsicht nach Belieben zu verfahren. So bestimmt es das BGB in § 903.

Besitzer

Der **Besitzer** hingegen übt lediglich die tatsächliche Herrschaft über eine Sache aus. Anders als beim Eigentum ist dem Besitzer die Sache nicht rechtlich zugeordnet. Nachzulesen in den §§ 854 ff. des BGB.

Wenn man sich mit einem Kaufvertrag bezüglich einer Eigentumswohnung beschäftigt, sind auch noch die Begriffe Wohnungs-Grundbuch und Notar zu definieren.

Wohnungs-Grundbücher

Wohnungs-Grundbücher werden bei den Amtsgerichten geführt. Sie unterscheiden sich von den eigentlichen Grundbüchern nur dadurch, dass sie den Zusatz „Wohnung" tragen.

Im Grundbuch sind die Grundstücke unter einer Blattbezeichnung eingetragen. Das Grundbuch dient dem Interesse des Rechtsverkehrs der Offenlegung der Rechtsverhältnisse an einem Grundstück. Dabei werden nicht nur die Eigentümer, sondern auch die Belastungen eines Grundstücks registriert. Wer ein berechtigtes Interesse nachweist, kann das Grundbuch einsehen (§ 12 GBO). Ist in einem Grundbuch für jemanden ein Recht eingetragen, so wird vermutet, dass ihm das Recht auch wirklich zusteht. Das ergibt sich aus § 891 BGB. Das Grundbuch besitzt also einen öffentlichen Glauben. Das bedeutet, dass zugunsten desjenigen, der ein Grundstück oder ein Recht an einem Grundstück erwirbt, das Grundbuch als richtig gilt (§ 892 BGB). Dabei kann eine Grundbuchberichtigung nur mit Zustimmung desjenigen erfolgen, dessen eingetragenes Recht durch die Berichtigung betroffen wird (§ 894 BGB).

Notar

Ein **Notar** ist als Rechtspflegeorgan ein unabhängiger Träger eines öffentlichen Amtes (§ 1 Bundesnotarordnung). Der Notar muss wie ein Rechtsanwalt die Befähigung zum Richteramt haben. In manchen Bundesländern gibt es die hauptberuflichen Notare. Anwaltsnotare sind Rechtsanwälte und Notare zugleich. In jedem Fall muss aber der Notar von der für ihn zuständigen Landesjustizverwaltung zugelassen sein. Er ist bei seiner Amtsausübung nicht Vertreter einer Partei, sondern unparteiischer Betreuer der Beteiligten. Für seine Tätigkeit erhält der Notar Gebühren und Auslagen, die sich am Geschäftswert ausrichten. Der Notar unterliegt, wie auch der Rechtsanwalt, einer Schweigepflicht.

Die Vertragsparteien

Wie oben bereits erwähnt, muss es bei einem Kaufvertrag immer zwei Vertragsparteien geben, nämlich den Verkäufer und den Käufer. Vermittelt wird der Kauf in vielen Fällen durch einen Makler.

Handelt es sich um eine Neubauwohnung, wird diese sehr oft von einem Bauträger erworben. Ein Wohnungskäufer sollte gerade über den Makler und den Bauträger als Verkäufer genau Bescheid wissen.

Der Makler

Der Makler erhält gem. § 653 BGB entweder für den Nachweis oder die Vermittlung des Grundstückes einen Mäklerlohn. Zur Sicherung des Mäklerlohns treten die Makler sehr oft bei Abschluss des notariellen Kaufvertrages als Beteiligte auf. In diesem Kaufvertrag lassen sie sich für ihre Vermittlungstätigkeit das Recht einräumen bzw. bestätigen, entweder vom Verkäufer oder vom Käufer die Maklerprovision verlangen zu dürfen.

Tipp: Von dieser Art der Beteiligung des Maklers am Kaufvertrag ist abzuraten. Aus der Sicht des Maklers vereinfacht die Beteiligung am Wohnungskaufvertrag natürlich die Durchsetzung der Rechte des Maklers. Andererseits belasten Sie den Kaufvertrag unnötig und organisieren sich unnötige Schwierigkeiten für den Fall, dass der Kaufvertrag über die Eigentumswohnung aus irgendwelchen Gründen geändert oder angefochten werden muss.

Ein Maklervertrag ist nach der Rechtsprechung des Bundesgerichtshofes (BGH) ein typischer Formularvertrag im Sinne des AGB-Gesetzes. Der BGH hat im Laufe der Zeit viele Klauseln der verwandten Maklerverträge für unwirksam erklärt. Ein in rechtlicher Hinsicht unbedenklicher Maklervertrag (Alleinauftrag) kann folgende Punkte enthalten:

I. Vertragsparteien

a) Auftraggeber ...
b) Maklerfirma ...
c) Objektbezeichnung ...
d) Kaufpreisangaben ...

II. Alleinauftrag

Der Alleinauftrag ist erteilt für die Zeit vom ... bis zum ...
Er verlängert sich jeweils um weitere 3 Monate, wenn er nicht von einer Vertragspartei unter Einhaltung einer Kündigungsfrist von 1 Monat gekündigt wird.

III. Pflichten des Auftraggebers

Der Auftraggeber verpflichtet sich für die Vertragszeit

1. Keine Dienste eines anderen Maklers in Bezug auf dasselbe Objekt in Anspruch zu nehmen.
2. Jede Maklertätigkeit Dritter, die nicht mit der Maklerfirma zusammenarbeiten, in Bezug auf das Objekt dieses Auftrages zu untersagen.
3. Der Auftraggeber zahlt am Tage der notariellen Beurkundung des Kaufvertrages an die Maklerfirma eine Provision von ... Prozent aus dem Gesamtkaufpreis und die Mehrwertsteuer aus dem Provisionsvertrag.

4. Bei einer nachträglichen Minderung des Kaufpreises wird der Provisionsanspruch nicht berührt.
5. Der Auftraggeber hat dem Makler die Aufwendungen, insbesondere die Kosten für die Inserate, Prospekte und die Fahrtkosten nach den Bahntarifen erster Klasse zu ersetzen, wenn
   a) der Auftraggeber die Durchführung des Auftrages erheblich behindert;
   b) der Auftraggeber seine Alleinauftragspflichten verletzt;
   c) wenn der Fall eintritt, dass der Auftraggeber Aufwendungsersatz zu leisten hat, kann der Makler den Vertrag fristlos kündigen. Beauftragt der Auftraggeber vertragswidrig einen anderen Makler, so kann die Maklerfirma unabhängig vom Nachweis eines Schadens eine Entschädigung von 50 Prozent der vereinbarten Vergütung fordern. Ein höherer Schaden ist nachzuweisen;
   d) der Auftraggeber bevollmächtigt den Makler in das Grundbuch und die Grundakten Einsicht zu nehmen und sämtliche Versicherungsunterlagen und alle weiteren Unterlagen in amtlichen Registern zu beschaffen;
   e) andere als die schriftlichen Vereinbarungen sind nicht getroffen.

IV. Pflichten der Maklerfirma

Die Maklerfirma verpflichtet sich,

a) sofort tätig zu werden,
b) alle sich ergebenden Abschlusschancen zu sondieren,
c) zur strengen Unparteilichkeit zwischen Auftraggeber und Kunden.

V. Nebenabreden
Stillschweigende, mündliche oder schriftliche Nebenabreden sind nicht getroffen worden.

VI. Einzelfallvereinbarungen

....

....

....

....

....

Tipp: Vor Unterzeichnung des Maklervertrages sollte man sich eine Bedenkzeit von mindestens einem Tag ausbedingen. Weicht der Maklervertrag erheblich von den o.g. Punkten ab, empfiehlt sich die Einholung eines Rechtsrats bei einer Verbraucherberatungsstelle oder einem Anwalt.

Der Bauträger

Ein Bauträger errichtet in eigenem Namen und auf seinem eigenen Grundstück ein Bauwerk mit den entsprechenden Eigentumswohnungen nach den Vorstellungen der späteren Käufer. Er verpflichtet sich meist, die Eigentumswohnung schlüsselfertig an den Käufer zu übergeben. Bei einem Bauträgervertrag gibt es also auch nur zwei Vertragsparteien, nämlich den Verkäufer (also den Bauträger) und den Käufer.

Tipp: Wer von einem Bauträger schlüsselfertig kauft, muss besonders gut aufpassen. Die Besonderheiten des Bauträgervertrages sind unten auf Seite 53 ff. ausführlich behandelt.

Der Gegenstand eines Vertrages über eine Eigentumswohnung

Oberflächlich betrachtet ist der Kaufgegenstand die Eigentumswohnung als solche. Wie oben bereits erwähnt ist das aber so rechtlich gar nicht möglich. Wer eine Eigentumswohnung erwerben will, muss das Sondereigentum an der Wohnung in Verbindung mit dem Miteigentumsanteil an dem gemeinschaftlichen Eigentum, zu dem es gehört, erwerben.

Das Wohnungseigentum

Der eigentliche Vertragsbestandteil ist das Wohnungseigentum.

Was man unter einem Wohnungseigentum ganz genau versteht, ist auf den Seiten 9 f. beschrieben.

Die Eigentumsanteile

Ein weiterer wichtiger Vertragsbestandteil sind die Eigentumsanteile. Dabei handelt es sich um das Teileigentum, das Sondereigentum und das Gemeinschaftseigentum. Was darunter im Einzelnen zu verstehen ist, ist auf den Seiten 10 ff. beschrieben.

Der Aufteilungsplan

Der Aufteilungsplan ist die von der Baubehörde genehmigte Bauzeichnung, aus der sich die Aufteilung des Gebäudes sowie die Lage und die Größe der im Sondereigentum und im Gemeinschaftseigentum stehenden Gebäudeteile ergibt. Er ist also maßgebend für die Abgrenzung von Sondereigentum und Gemeinschaftseigentum und muss dies klar erkennen lassen. In aller Regel sind sämtliche zu einem Wohnungseigentum gehörenden Teile mit der gleichen Nummer gekennzeichnet und farblich umrandet. Der Aufteilungsplan wird unter Bezugnahme auf die Eintragungsbewilligung als Anlage zum Gegenstand der Grundbucheintragung.

Handelt es sich um einen Kauf vom Bauträger, kommt es oft vor, dass der Käufer noch Änderungswünsche hat, die in der Bauzeichnung bzw. im Aufteilungsplan zu Änderungen führen. Werden die Pläne wegen der Änderungswünsche nicht berichtigt, kommt es häufig bei der Bauabnahme zu größeren Problemen, die den Einzug verzögern können.

Tipp: Vorsicht bei „großzügigen" Bauträgern, bei denen die Änderungswünsche des Käufers „gar kein Problem" sind. Bestehen Sie auf schriftlichen Abmachungen und auf den Änderungen der Pläne, um später keinen Ärger zu bekommen.

Die Gemeinschaftsordnung

Die Wohnungseigentümer regeln ihre Angelegenheiten untereinander durch Vereinbarungen oder Beschlüsse. Dabei richtet sich das Verhältnis der Wohnungseigentümer untereinander entweder nach den Vorschriften des WEG oder des BGB. Die Wohnungseigentümer können aber auch von den gesetzlichen Regelungen abweichen. Sollen ihre Vereinbarungen auch für eventuelle Rechtsnachfolger Geltung haben, so müssen diese Vereinbarungen als Inhalt des Sondereigentums im Grundbuch eingetragen werden. In der Praxis kommt es seltener vor, dass

Vereinbarungen, die auf einer Wohnungseigentümerversammlung getroffen werden, auch in das Grundbuch eingetragen werden sollen. Der Käufer muss aber gleichwohl das Grundbuch vor dem Kauf genau studieren. Wird nämlich Wohnungseigentum durch Teilung begründet, so trifft der Alleineigentümer bei der Teilung meist Regelungen, die auch im Grundbuch eingetragen werden. Solche vom Alleineigentümer noch festgelegte Gemeinschaftsordnungen müssen nicht unbedingt für die späteren Wohnungseigentümer vorteilhaft sein. Eine genaue Prüfung vor dem Kauf lohnt deshalb allemal.

Eine vom teilenden Alleineigentümer (meist sind das die Bauträger) erstellte und in das Grundbuch eingetragene Gemeinschaftsordnung sieht in aller Regel wie folgt aus:

Gemeinschaftsordnung

§ 1 Grundsatz

1. Für das Verhältnis der Wohnungseigentümer untereinander gelten die Bestimmungen des Wohnungseigentumsgesetzes, soweit nicht nachstehend etwas anderes festgelegt ist.

2. Weitere Bestimmungen über die Art und Weise der Nutzung des Sondereigentums und der Mitbenutzung des Gemeinschaftseigentums sind in der Hausordnung festzulegen.
   Sie ist vom Verwalter aufzustellen und von der Eigentümerversammlung zu beschließen. Eine Änderung der Hausordnung kann die Eigentümerversammlung mit Zweidrittelmehrheit beschließen.

3. Gemäß § 10 Abs. 1 Satz 2 WEG wird als Inhalt des Wohnungseigentums folgendes bestimmt:

§ 2 Zweckbestimmung

1. Das Gebäude dient grundsätzlich Wohnzwecken.

2. Unabhängig vom Wohnhauscharakter dürfen jedoch auch Wohnungen für Büros oder freiberufliche Praxen verwendet werden. Es dürfen hierbei jedoch keine negativen Auswirkungen auf die Wohnungen entstehen, die den Wohncharakter der anderen Wohnungen unzumutbar beeinträchtigen. In allen Fällen der Nutzungsänderung können vom Verwalter Auflagen gemacht werden, die dazu dienen, das geordnete Zusammenleben im Sinne des § 14 WEG zu sichern. Solche Auflagen können dem betreffenden Sondereigentümer auch jederzeit im Nachhinein auferlegt werden.

§ 3 Sondernutzung der Pkw-Abstellplätze im Freien

An den ...... Pkw-Abstellplätzen im Freien bestehen Sondernutzungsrechte. Sie sind im Aufteilungsplan (Freiflächenplan) ausgewiesen mit Nr. 1 bis Nr. ...... und werden wie folgt zugeordnet:

Pkw-Abstellplatz	zum Sondereigentum
Nr. 1	Nr. 1
Nr. 2	Nr. 2
Nr. 3	Nr. 3
Nr. 4	Nr. 4
Nr. 5	Nr. 5
Nr. 6	Nr. 6

Jeder Sondernutzungsberechtigte hat das ausschließliche Nutzungsrecht an dem ihm zugewiesenen Pkw-Abstellplatz, während die übrigen Miteigentümer von der Nutzung ausgeschlossen sind.

§ 4 Sondernutzung der Terrassen bei den Erdgeschosswohnungen

Den Eigentümern der Erdgeschosswohnungen steht das Sondernutzungsrecht an den jeweils anschließenden Terrassen zu. Sie sind im Aufteilungsplan (Erdgeschossplan) ausgewiesen mit Nr. 1 bis Nr. 3 und werden wie folgt zugeordnet:

Terrasse	zum Sondereigentum
Nr. 1	Nr. 1
Nr. 2	Nr. 2
Nr. 3	Nr. 3

Jeder Sondernutzungsberechtigte hat das ausschließliche Nutzungsrecht an der ihm zugewiesenen Terrasse, während die übrigen Miteigentümer von der Nutzung ausgeschlossen sind.

§ 5 Übertragung des Wohnungseigentums

1. Das Wohnungseigentum ist veräußerlich und vererblich.

2. Der Veräußerer kann nicht verlangen, dass ihm sein Anteil am Verwaltungsvermögen, insbesondere an einer Instandsetzungsrücklage, ausbezahlt wird. Sämtliche vom Eigentümer bereits geleisteten Zahlungen und Rücklagen gehen auf den Sonderrechtsnachfolger über. Dieser haftet der Gemeinschaft gegenüber neben dem Veräußerer für etwaige Rückstände gesamtschuldnerisch.

3. Jeder Wohnungseigentümer hat im Falle der gänzlichen oder teilweisen Veräußerung seines Wohnungseigentums den Erwerber zum Eintritt in die Gemeinschaftsordnung und den mit dem jeweiligen Verwalter geschlossenen Vertrag zu verpflichten.

§ 6 Instandhaltung

1. Die Instandhaltung der zum gemeinschaftlichen Eigentum gehörenden Teile des Gebäudes einschließlich der äußeren Fenster und des Grundstücks obliegt der Gemeinschaft der Wohnungseigentümer; sie ist vom Verwalter durchführen zu lassen.

2. Die Instandhaltung der Teile des Gemeinschaftseigentums, an denen Sondernutzungsrechte (Terrassen, Pkw-Abstellplätze) eingeräumt sind, obliegt den jeweiligen Sondernutzungsberechtigten.

3. Jeder Eigentümer hat sein Sondereigentum und die von ihm instand zu haltenden Teile des Gemeinschaftseigentums so instand zu halten, wie dies im Interesse der Gemeinschaft erforderlich ist, und dabei zu gewährleisten, dass keinem anderen Wohnungseigentümer oder Hausbewohner über das bei einem geordneten Zusammenleben unvermeidliche Maß hinaus ein Nachteil erwächst.

4. Die Behebung von Glasschäden an Fenstern und Türen im räumlichen Bereich des Sondereigentums, auch wenn sie zum gemeinschaftlichen Eigentum gehören, obliegt ohne Rücksicht auf die Ursache des Schadens dem Wohnungseigentümer. Die rechtzeitige Vornahme von Schönheitsreparaturen ist Sache des Wohnungseigentümers.

§ 7 Verpflichtung zum Wiederaufbau

1. Wird das Gebäude ganz oder teilweise zerstört, so sind die Wohnungseigentümer untereinander verpflichtet, den vor Eintritt des Schadens bestehenden Zustand wieder herzustellen,

wenn die Kosten der Wiederherstellung durch Versicherung oder durch sonstige Ansprüche voll gedeckt sind.

2. Sind die Kosten der Wiederherstellung nicht gem. Abs. 1 gedeckt, so kann die Wiederherstellung des früheren Zustandes nur verlangt werden, wenn die zur Wiederherstellung erforderlichen Mittel innerhalb einer angemessenen Frist zu zumutbaren Bedingungen aufgebracht werden können.

3. Besteht die Pflicht zur Wiederherstellung nicht, so ist jeder Wohnungseigentümer berechtigt, die Aufhebung der Gemeinschaft zu verlangen. Der Anspruch auf Aufhebung ist ausgeschlossen, wenn sich einer der anderen Wohnungseigentümer oder ein Dritter bereit erklärt, das Wohnungseigentum des die Aufhebung verlangenden Wohnungseigentümers zum Schätzwert zu übernehmen und gegen die Übernahme durch ihn keine begründeten Bedenken bestehen.

4. Ist die Gemeinschaft aufzuheben, so erfolgt die Auseinandersetzung im Wege der freihändigen Veräußerung oder der öffentlichen Versteigerung nach § 753 BGB und § 180 ZVG.

§ 8 Lasten und Kosten

1. Die Kosten und Lasten der Gemeinschaft einschließlich Verwaltungskosten tragen die Eigentümer im Verhältnis ihrer Miteigentumsanteile mit Ausnahme folgender Kosten und Lasten:
   a) Jeder Eigentümer trägt die auf ihn bzw. sein Sondereigentum fallenden Kosten allein, für die besondere Messvorrichtungen vorhanden sind oder die sonst in einwandfreier Weise gesondert festgestellt werden können.

b) Die Kosten für die Heizung (Verbrauch, Instandhaltung, Reparaturen, Erneuerungen etc.) werden mit 60 Prozent, die der Warmwasserversorgung mit 70 Prozent auf den Verbrauch, im Übrigen auf Wohn- und Nutzfläche umgelegt. Die Eigentümerversammlung kann im Rahmen der gesetzlichen Vorschriften mit Zweidrittelmehrheit einen anderen Verteilungsschlüssel beschließen.

c) Alle Unterhaltungs- und Erneuerungskosten für Teile des Gemeinschaftseigentums, an denen Sondernutzungsrechte eingeräumt sind, hat der jeweilige Berechtigte zu tragen.

d) Die Verwalterkosten sind für jedes Wohnungseigentum gleich zu bemessen. Über die Höhe sowie über etwaige Abweichungen für Sondereigentum mit z.B. Büro oder freiberuflicher Praxis entscheidet die Eigentümerversammlung.

2. Für das Sondereigentum und für das gemeinschaftliche Eigentum als Ganzes werden folgende Versicherungen abgeschlossen:

- Gebäudebrandversicherung.
- Leitungswasserschadenversicherung.
- Sturmschadenversicherung.
- Haftpflichtversicherung gegen die Inanspruchnahme der Gemeinschaft aus der gesetzlichen Haftpflicht wegen vom Eigentum ausgehender Schäden. Für die Zeit nach Ablauf der ersten Versicherungsperiode kann die Wohnungseigentümerversammlung einen Wechsel der Versicherungsgesellschaften oder die Aufgabe bestimmter Versicherungen beschließen.

§ 9 Eigentümerversammlung

1. Die Versammlung der Wohnungseigentümer entscheidet über alle Angelegenheiten, über die nach dem Wohnungseigentumsgesetz oder dieser Teilungserklärung die Wohnungseigentümer entscheiden können.

2. Mindestens einmal im Jahr findet eine Eigentümerversammlung statt. Darüber hinaus hat eine Eigentümerversammlung dann stattzufinden, wenn Wohnungseigentümer mit mehr als einem Viertel aller Stimmen (im Sinne von § 24 Abs. 2 WEG) die Einberufung einer Versammlung unter Angabe des Verhandlungsgegenstandes verlangen.

3. Die Eigentümerversammlung hat der Verwalter einzuberufen. Hierzu ist er auch noch nach Ablauf seiner Amtszeit befugt, es sei denn er ist abgewählt oder durch einen neuen Verwalter ersetzt worden.

4. Die Einberufung erfolgt schriftlich. Für die Ordnungsmäßigkeit der Einberufung genügt die Absendung der Einladung an die letzte bekannte Anschrift eines Wohnungseigentümers.

5. Die Einberufung erfolgt mit einer Frist von 2 Wochen. Maßgebend für den Beginn der Frist ist das Datum des Poststempels.

6. Die Eigentümerversammlung ist beschlussfähig, wenn mehr als die Hälfte der Stimmen anwesend oder vertreten sind. Ist das nicht der Fall, so hat der Verwalter eine zweite Versammlung mit gleichem Gegenstand einzuberufen; diese ist in jedem Fall beschlussfähig. Hierauf ist in der Einladung besonders hinzuweisen. Diese zweite Versammlung kann

gleichzeitig in dem Einladungsschreiben zur ersten Eigentümerversammlung gem. § 25 Abs. 4 WEG zum selben Tag, jedoch mindestens eine Stunde später, einberufen werden.

7. Für das Stimmrecht gilt abweichend von § 25 Abs. 2 WEG, dass jedes Sondereigentum eine Stimme gewährt.
   Bei Angelegenheiten der Wohnungseigentümer, die sich auf Gemeinschaftseinrichtungen oder sonstige Einrichtungen beziehen, bei denen die Kostentragung nicht durch sämtliche Wohnungseigentümer erfolgt, sind nur die Wohnungseigentümer stimmberechtigt, die auch Kosten dieser Einrichtungen zu tragen haben.

8. Bei der Feststellung der Stimmenmehrheit werden die Stimmen der weder anwesenden noch vertretenen Wohnungseigentümer nicht gerechnet. § 18 Abs. 3 des WEG bleibt unberührt.

9. Vertretung in der Eigentümerversammlung ist zulässig. Der Nachweis der Vertretungsberechtigung ist durch schriftliche Vollmacht zu erbringen.
   Die Vollmacht darf nur folgenden Personen erteilt werden:
   - dem Verwalter,
   - einem anderen Wohnungseigentümer,
   - dem Ehegatten,
   - einem Hausgenossen,
   - einem Verwandten in gerader Linie,
   - dem Mieter des Wohnungseigentums,
   - dem Erwerber des Wohnungseigentums,
   - einer zur Berufsverschwiegenheit verpflichteten Person der rechts- oder steuerberatenden Berufe.

Miteigentümer einer Sondereigentumseinheit bedürfen gegenseitig keiner besonderen Vollmacht, wenn nicht Zweifel an der Vertretungsmacht bestehen.
Soweit nicht zwingende gesetzliche Bestimmungen entgegenstehen, kann der Verwalter jeden Wohnungseigentümer in allen Angelegenheiten bei der Beschlussfassung vertreten. Dies gilt insbesondere dann, wenn ihm der Miteigentümer die Vollmacht mit der Weisung zu einem bestimmten Abstimmungsverhalten erteilt hat. Der Verwalter kann die Vollmacht in allen Fällen auf einen anderen Miteigentümer übertragen.

10. Auch ohne Eigentümerversammlung ist ein Beschluss gültig, wenn alle Wohnungseigentümer schriftlich zustimmen.

11. In Ergänzung von § 23 WEG wird bestimmt, dass es zur Gültigkeit eines Beschlusses über die dort genannten Bestimmungen hinaus einer Protokollierung des Beschlusses bedarf. Das Protokoll ist vom Versammlungsleiter und einem oder zwei von der Versammlung bestimmten Wohnungseigentümern zu unterzeichnen.

§ 10 Wirtschaftsplan

1. Der Verwalter hat jeweils für ein Kalenderjahr einen Wirtschaftsplan aufzustellen, der von den Wohnungseigentümern zu beschließen ist. Dieser ist – auch für folgende Kalenderjahre – so lange gültig, bis ein neuer Wirtschaftsplan beschlossen worden ist. Die Eigentümerversammlung kann das Wirtschaftsjahr auch anders festlegen.

2. In den Wirtschaftsplan sind die nach dieser Teilungserklärung von der Gemeinschaft aufzubringenden Kosten in der für das

Wirtschaftsjahr zu erwartenden Höhe einzusetzen. Bei den Instandhaltungskosten ist zu berücksichtigen, dass ein angemessener Betrag für spätere größere Instandhaltungsarbeiten zurückzulegen ist.

3. Auf die im Wirtschaftsplan enthaltenen und unter Berücksichtigung der Kostenverteilungsbestimmungen dieser Teilungserklärung festgestellten Kosten hat jeder Wohnungseigentümer monatliche Abschlagszahlungen von 1/12 des Jahresbetrages im Voraus, spätestens bis zum 3. Werktag eines jeden Monats, zu Händen des Verwalters auf ein von diesem zu bestimmendes Gemeinschaftskonto kostenfrei zu leisten.

4. Kommt ein Wohnungseigentümer mit einer Rate ganz oder teilweise in Verzug, so hat dieser auf Verlangen des Verwalters den rückständigen Teil mit 1 Prozent pro angefangenen Monat zu verzinsen, es sei denn, dass ein höherer Verzugsschaden entstanden ist.

5. Gegenüber Wohngeldforderungen der Gemeinschaft sind Aufrechnungen, Minderungen, Zurückbehaltungen sowie sonstige Einwendungen nur dann zulässig, wenn diese unbestritten oder rechtskräftig festgestellt sind.

§ 11 Mehrheit von Wohnungseigentümern

Steht ein Wohnungseigentum mehreren Personen zu, so gilt jeder Einzelne von ihnen als ermächtigt, für und gegen alle Personen dieser Eigentümergemeinschaft Willenserklärungen im Verhältnis zu der Gemeinschaft der Wohnungseigentümer oder ihrer Organe abzugeben und entgegenzunehmen.

§ 12 Verwalter

1. Die Eigentümerversammlung kann den Verwalter vorzeitig abberufen, wenn ein wichtiger Grund vorliegt.

2. Die Rechte und Pflichten des Verwalters ergeben sich aus § 27 WEG und den Bestimmungen dieser Teilungserklärung. Darüber hinaus hat der Verwalter folgende Aufgaben und Befugnisse:
   - Mit Wirkung für und gegen alle Wohnungseigentümer im Rahmen seiner Verwaltungsaufgaben Verträge abzuschließen und sonstige Rechtsgeschäfte und Rechtshandlungen vorzunehmen.
   - Von den Wohnungseigentümern die nach den Bestimmungen dieser Teilungserklärung an oder über den Verwalter zu zahlenden Beträge einzuziehen und diese gegenüber einem säumigen Wohnungseigentümer geltend zu machen.
   - Die Wohnungs-Eigentümergemeinschaft gerichtlich und außergerichtlich in Angelegenheiten der laufenden Verwaltung zu vertreten sowie Ansprüche gerichtlich und außergerichtlich geltend zu machen.

Das Protokoll wurde der/dem Erschienenen nebst Textanhang vorgelesen, die Pläne zur Durchsicht vorgelegt, von ihr/ihm genehmigt und eigenhändig wie folgt unterschrieben:

....

....

....

Tipp: Ein Käufer sollte immer daran denken, dass die bestehende Gemeinschaftsordnung Bestandteil des notariellen Kaufvertrages wird. Eine spätere Änderung der Gemeinschaftsordnung durch die Eigentümerversammlung ist relativ schwierig. Außerdem sollte der Käufer darauf achten, wer die anderen Wohnungseigentümer sind. Ist eine Person Eigentümer von mehr als der Hälfte der Wohnungen eines Objektes, ist eine Änderung der Gemeinschaftsordnung gegen dessen Willen überhaupt nicht möglich.
Die oben abgedruckte Gemeinschaftsordnung entspricht der Rechtslage und dürfte die Interessen des einzelnen Wohnungseigentümers ausreichend schützen. Enthält die Gemeinschaftsordnung im konkreten Fall gravierende Abweichungen, sollte unbedingt vor der Unterzeichnung des notariellen Kaufvertrages der Rat eines Anwaltes eingeholt werden.

Das Bauträgermodell

In vielen Fällen hat der Käufer einer Eigentumswohnung ein großes Interesse daran, die spätere Wohnung mitzugestalten.

In diesen Fällen wird sich der Käufer an einen so genannten Bauträger wenden müssen. Ein Bauträger ist Eigentümer eines Grundstücks, auf dem ein Gebäude mit Eigentumswohnungen errichtet werden soll. Der Bauträger veräußert einen Miteigentumsanteil an seinem Grundstück und verpflichtet sich zugleich, die entsprechende Eigentumswohnung zu errichten. Ein Bauträgervertrag liegt aber immer nur dann vor, wenn der Verkäufer noch Arbeiten am Bau – seien es auch nur Restarbeiten – fertigzustellen hat.

Die Besonderheit des Bauträgervertrages liegt im Ausgleich der widerstrebenden Interessen der Vertragsparteien. Der Bauträger hat ein Interesse daran, möglichst frühzeitig den Kaufpreis vom Käufer zu erhalten, um insbesondere seine Kreditkosten niedrig zu halten. Der Käufer hingegen ist daran interessiert, den Kaufpreis nur Zug um Zug im Rahmen der Fertigstellung des Bauwerkes zu zahlen und dabei grundbuchmäßig abgesichert zu sein.

Wer als Käufer einen solchen Bauträgervertrag abschließt, sollte wissen, dass dies nicht ganz problemlos ist. Zwar ist der Käufer (also im Prinzip der Bauherr) durch die *Verordnung über die Pflichten der Makler-, Darlehens- und Anlagenvermittler, Bauträger und Baubetreuer* (MaBV) weitgehendst geschützt, weil die Anwendung der MaBV bei einem Baubetreuungsvertrag zwingend vorgeschrieben ist. Es ist also nicht möglich, dass die Vertragsparteien bei ihrem notariellen Grundstücksvertrag etwas anderes vereinbaren, als die MaBV vorschreibt. Letztlich ist der Käufer auch noch durch das AGB-Gesetz, das die Allgemeinen Geschäftsbedingungen regelt, zusätzlich geschützt. Neben der MaBV müssen Bauträgerverträge auch den strengen Anforderungen des AGBG entsprechen.

Trotzdem sollte ein Käufer über die nachfolgend genannten Probleme Bescheid wissen.

1. Gemäß § 3 MaBV darf der gewerbetreibende Bauträger nur dann Vermögenswerte (sprich Zahlungen) des Käufers zur Ausführung des Auftrages entgegennehmen oder sich zu deren Verwendung ermächtigen lassen, wenn

a) ein rechtswirksamer Vertrag zwischen dem Gewerbetreibenden (also dem Bauträger) und dem Auftraggeber vorliegt;

b) zur Sicherung des Anspruchs des Auftraggebers (also des Käufers) auf Eigentumsübertragung oder Bestellung oder Übertragung eines Erbbaurechts an dem Vertragsobjekt eine Vormerkung an der vereinbarten Rangstelle im Grundbuch eingetragen ist;

c) die Freistellung des Vertragsobjektes von allen Grundpfandrechten, die der Vormerkung im Range vorgehen oder gleichstehen und nicht übernommen werden sollen, muss gesichert sein, und zwar auch für den Fall, dass das Bauvorhaben nicht vollendet wird;
d) die Baugenehmigung bereits erteilt worden ist;

2. Die Zahlungen müssen in 7 Raten erfolgen.

WARNUNG

Alle Vertragsregelungen, bei denen nur der Bauträger Zugriff auf das Baukonto des Käufers hat, sind grundsätzlich abzulehnen. Die Risiken sind viel zu groß.

Tipp: Sichern Sie nach Möglichkeit Rückzahlungsansprüche gegenüber dem Bauträger durch eine Bankbürgschaft.

3. In aller Regel verpflichtet sich in einem Bauträgervertrag der Verkäufer, die Kosten für die Erschließung zu tragen. Dabei sind diese Kosten natürlich in den Kaufpreis, den der Käufer zu zahlen hat, bereits vorher vom Bauträger eingerechnet. Tritt nun der Fall ein, dass der Verkäufer die Erschließungskosten an die Gemeinde nicht abgeführt hat und in Vermögensverfall (z. B. Konkurs) gerät, so haftet der Käufer der Gemeinde gegenüber mit dem Grundstück nochmals für die Erschließungskosten. Sich als Käufer dagegen abzusichern, ist sehr schwierig.

Tipp: Bestehen Sie auf einer Bankbürgschaft des Bauträgers gegenüber der Gemeinde für diese Kosten. Eine solche Bankbürgschaft über die geschätzten Erschließungskosten wird dann der Gemeinde vom Bauträger ausgehändigt.

4. Eine ganz wichtige Bedeutung haben beim Bauträgervertrag die Gewährleistungsbestimmungen für Sachmängel. Soweit es sich um Mängel des Grundstückes selbst handelt, werden meistens die Gewährleistungsansprüche ausgeschlossen. Dies ist üblich und korrekt. Anders verhält es sich natürlich mit den Mängeln am Bauwerk. Nach der Rechtsprechung des BGH verjähren solche Ansprüche grundsätzlich erst in fünf Jahren. Ein ganz anderes Problem ist die Frage nach der Art der Gewährleistung und gegen wen sich die Gewährleistungsansprüche richten. Gemäß § 11 Nr. 10 a AGBG ist der Ausschluss der eigenen Gewährleistung und die Abtretung der Ansprüche gegen die am Bau Beteiligten nicht zulässig. „Schwarze Schafe“ unter den Bauträgern sind deshalb auf die Idee gekommen, ihre Ansprüche gegen die am Bau beteiligten Handwerker dem Käufer abzutreten.

Tipp: Sollte in Ihrem Bauträgervertrag eine solche Regelung enthalten sein, weigern Sie sich, diesen Vertrag zu unterschreiben. Lassen Sie sich auf keine Diskussion ein. Das gehört zum Gefährlichsten, was Sie überhaupt tun können.

Wer einen Bauträgervertrag abschließt, sollte immer davon ausgehen, dass der Notar pflichtgemäß den Vertragsentwurf genau prüft und die Vertragsparteien berät. Außerdem hat der Gesetzgeber besonders im AGBG zugunsten des Käufers genügend Rechtssicherheiten geschaffen.

Tipp: Bevor Sie einen solchen Vertrag unterschreiben, sollten Sie sich in aller Ruhe zu Hause genau mit den Vertragsbestandteilen auseinandersetzen und notfalls rechtlichen Rat einholen.

Der Kaufpreis

Der Kaufpreis ist einer der wichtigsten Bestandteile eines Grundstückskaufvertrages bzw. eines Wohnungskaufvertrages. Ein Kaufvertrag, der keine Angaben über den Kaufpreis enthält, ist schlichtweg nichtig.

In aller Regel wird in einem Wohnungskaufvertrag ein ganz bestimmter Betrag als Kaufpreis festgehalten. Das setzt natürlich voraus, dass die Vertragsparteien sich vor der Unterzeichnung des notariellen Kaufvertrages über die Höhe des Kaufpreises einig geworden sind. Es ist also nicht möglich, dass in einem Kaufvertrag z. B. die Regelung enthalten ist, dass sich die Parteien später über die Höhe des Kaufpreises noch einigen.

Gerade beim Kauf einer Eigentumswohnung ist z. B. daran zu denken, dass der Käufer bestimmtes Zubehör mitübernimmt.

In solchen Fällen ist es hauptsächlich wegen der Eintragungskosten im Grundbuch und wegen der Höhe der Grunderwerbsteuer sehr wichtig, dass sich die genaue Zusammensetzung des Kaufpreises aus dem notariellen Grundstückskaufvertrag ergibt. Je höher der Preis für das mitübernommene Zubehör ist, desto wichtiger ist eine genaue Abgrenzung vom eigentlichen Wohneigentum. Deutlich wird das an folgendem Beispiel:

■ ***Beispiel:***

Preis für das Wohnungseigentum	= 200.000,– DM
Preis für das mitübernommene Zubehör	= 50.000,– DM
Gesamtpreis	= 250.000,– DM.

Würde keine Unterscheidung hinsichtlich der Zusammensetzung des Kaufpreises vorgenommen, so würden sich die Eintragungsgebühren und die Grunderwerbssteuer an einem Gesamtpreis von

250.000,– DM bemessen. Tatsächlich fallen aber die Kosten und Steuern in unserem Beispiel nur in Höhe eines Kaufpreises von 200.000,– DM an.

Ebenso wichtig wie die Höhe des Kaufpreises ist die Einigung darüber, wann der Kaufpreis getilgt werden soll.

In der Praxis ist es eher ein Ausnahmefall, dass der Käufer bereits bei Unterzeichnung des notariellen Kaufvertrages den Kaufpreis in bar bezahlt. Aus bestimmten Gründen kommt es aber schon einmal vor, dass eine solche Verfahrensweise gewählt wird. Besonders für den Käufer birgt eine solche Kaufpreiszahlung eine riesige Gefahr, weil er nicht gesichert ist. Nach Zahlung des Kaufpreises kann der Verkäufer z. B. den notariellen Vertrag anfechten oder das Wohnungseigentum zusätzlich belasten.

Tipp: Sollte ausnahmsweise in Ihrem Fall eine solche Kaufpreiszahlung in Betracht kommen, lassen Sie sich ausführlich vom unterzeichnenden Notar über die Risiken unterrichten und belehren. Der Notar ist dazu verpflichtet.

Regelmäßig wird es so sein, dass sich Verkäufer und Käufer mit Hilfe des Notars darauf einigen, dass zu einem ganz bestimmten Termin der Käufer den Kaufpreis zahlt und zu diesem Termin gleichzeitig die Eigentumsübertragung vom Verkäufer auf den Käufer erfolgt.

Beim Verkauf einer Eigentumswohnung erfolgt die Eigentumsübertragung durch Eintragung des neuen Eigentümers im Wohnungs-Grundbuch. Es ist also durchaus möglich, dass der Käufer bereits Besitz von der Eigentumswohnung erlangt hat, aber noch nicht Eigentümer ist. Da aber die Eigentumsumschreibung im Grundbuch von vielen Faktoren abhängig ist, kann dieser Zeitpunkt nicht exakt vorbestimmt werden. In diesen Fällen läuft es in der Praxis so ab, dass der Käufer den Kaufpreis zu dem im Kaufvertrag bestimmten Zeitpunkt auf ein Notaranderkonto oder Treuhandkonto einzahlt. Der Notar darf diesen Kaufpreis an den Verkäufer nur in dem Moment auszahlen, indem die Eigentumsübertragung im Grundbuch erfolgt ist. Mit dieser Verfahrensweise ist nicht nur der Käufer, sondern auch der Verkäufer abgesichert. Der Käufer „verliert“ sein Geld erst in dem Moment, in dem er als Eigentümer im Grundbuch eingetragen wird. Der Verkäufer kann in diesem Moment über den Kaufpreis sofort verfügen. Für den Verkäufer ist also der Kaufpreis vorher bereits sichergestellt.

Tipp: Denken Sie daran, dass die Führung eines Notaranderkontos Geld kostet. Es ist möglich, die Kosten für das Notaranderkonto im Grundstückskaufvertrag entweder dem Käufer oder dem Verkäufer aufzuerlegen.

Eine andere Möglichkeit der Kaufpreissicherung besteht darin, dass sich die Bank/Sparkasse des Käufers mit der Bank/Sparkasse des Verkäufers über die Zahlungsziele verbindlich einigt. Die Banken halten solche Absprachen exakt ein und zahlen auch nur dann aus, wenn sichergestellt ist, dass der Eigentumsübergang erfolgt ist.

In aller Regel wird es aber so sein, dass der Käufer den Kaufpreis zumindest teilweise finanzieren muss. Dabei tritt natürlich das Problem auf, dass die Bank, die den Kaufpreis finanziert, im Grundbuch abgesichert werden will.

Die Absicherung der Bank im Grundbuch ist aber nur durch den jeweiligen Eigentümer möglich. Ein Problem entsteht nun dadurch, dass der Käufer ja noch nicht als Eigentümer im Grundbuch eingetragen ist und mithin das Wohnungseigentum auch noch nicht mit einem Grundpfandrecht zur Sicherung der Bank belasten kann. In der Praxis gibt es verschiedene Möglichkeiten, dieses Problem zu lösen.

Die unkomplizierteste Form ist die, dass der Verkäufer der Belastung des Wohnungseigentums (er ist ja noch der Eigentümer) für das Kreditinstitut im notariellen Vertrag zustimmt. Zur Absicherung des Verkäufers wird dann im gleichen Vertrag geregelt, dass der Darlehensbetrag nicht an den Käufer, sondern an den Verkäufer auszuzahlen ist.

Eine weitere Möglichkeit besteht darin, dass der Käufer bereits für den Zeitpunkt, in dem er im Grundbuch als Eigentümer eingetragen wird, zur Sicherung der Bank die Eintragung eines Grundpfandrechtes durch den unterzeichnenden Notar beantragt. Die Bank, die das Darlehen gibt, zahlt dann den Darlehensbetrag auf ein Notaranderkonto. Der Notar sorgt dafür, dass der Geldbetrag nur dann an den Verkäufer ausgezahlt wird, wenn der Käufer im Grundbuch eingetragen wird. Zugleich ist dadurch gesichert, dass der Notar sofort zugunsten der Bank ein Grundpfandrecht eintragen lässt.

Letztlich ist es auch möglich, dass wieder die Bank/Sparkasse des Käufers mit der Bank/Sparkasse des Verkäufers verbindliche Absprachen trifft und die Formalien im notariellen Kaufvertrag geregelt werden.

In der Praxis kommt es häufig vor, dass der Käufer bestehende Belastungen auf dem Grundstück übernimmt und nur den Differenzbetrag zum vereinbarten Kaufpreis an den Verkäufer zahlt. Eine solche Regelung kann insbesondere dann recht sinnvoll sein, wenn zum Zeitpunkt des Kaufvertrags die Kapitalzinsen sehr hoch sind und der Verkäufer noch zu einem günstigen Zinssatz sein Grundstück belastet hat. In diesen Fällen ist besonders zu beachten, dass sich aus dem Grundbuch nicht die tatsächliche Höhe der Restschuld ergibt. Man spricht insoweit auch von der Höhe der bestehenden Valuta. Die Vertragsparteien sind also gut beraten, sich von der Bank genau ausrechnen zu lassen, welche Valuta zu einem ganz bestimmten Stichtag (Eintragung des Käufers als Eigentümer im Grundbuch) besteht. Im Zeitalter des Computers ist eine solche Berechnung für die Bank überhaupt kein Problem und in Sekundenschnelle machbar.

Bei einer solchen Regelung ist es natürlich für den Verkäufer von besonderem Interesse, gegenüber der Bank auch aus der Verpflichtung zur Tilgung der Schuld entlassen zu werden. Dies ist nur möglich, wenn die beiden Vertragsparteien mit Zustimmung der Bank eine so genannte *befreiende Schuldübernahme* vereinbaren.

Tipp: Bei einer befreienden Schuldübernahme müssen klare Absprachen mit der Bank des Käufers und des Verkäufers vor Unterzeichnung des notariellen Kaufvertrages geschlossen werden.

Die Haftung für Mängel

Genau wie beim Verkauf einer beweglichen Sache haftet der Verkäufer bei einer Eigentumswohnung für die Mangelfreiheit der verkauften Sache, also der Wohnung. Bei den Mängeln unterscheidet man Rechtsmängel und Sachmängel.

Die Gewährleistung von Rechtsmängeln

Wie gerade erwähnt, haftet der Verkäufer bei einem Wohnungskaufvertrag dem Käufer dafür, dass das Wohnungseigentum insbesondere frei von Rechten Dritter ist. Etwas anderes gilt natürlich dann, wenn der Käufer im notariellen Kaufvertrag die Rechte Dritter mit übernommen hat. Bei den Rechten Dritter unterscheidet man insbesondere die Hypotheken, die Reallasten, Wohnungsrechte und die so genannten obligatorischen Rechte (z. B. Miete und Pacht).

Soweit der Käufer bestehende Hypotheken oder Grundschulden nicht übernimmt, muss in dem notariellen Kaufvertrag eine Regelung dahingehend erfolgen, dass der Verkäufer diese Rechte bis zu einem ganz bestimmten Zeitpunkt auf seine Kosten löschen lässt. Nur in diesen Fällen ist es nämlich möglich, dass der Käufer das Wohnungseigentum tatsächlich auch lastenfrei übernimmt.

Beim Kauf einer Eigentumswohnung ist auf Seiten des Käufers insbesondere zu beachten, ob der Verkäufer Miet- bzw. Pachtverträge bezüglich des Kaufobjektes abgeschlossen hat. Gemäß § 571 BGB gilt nämlich der Grundsatz „Kauf bricht nicht Miete“. Das bedeutet, dass der vom Verkäufer geschlossene Mietvertrag bestehen bleibt, und der Käufer notfalls den

Mietvertrag mit allen damit verbundenen Risiken kündigen muss und möglicherweise auch noch einen Räumungsprozess gegen den Mieter zu führen hat.

Tipp: Der Käufer muss bei den Rechten Dritter besonders aufpassen. Der Verkäufer haftet nämlich dann für Rechtsmängel gegenüber dem Käufer nicht, wenn der Käufer bei Abschluss des Kaufvertrages diese Rechtsmängel kannte.

Die Haftung für Sachmängel

Nach den Vorschriften der §§ 459 ff. BGB haftet der Verkäufer dafür, dass das Wohnungseigentum bei Gefahrübergang frei von Sachmängeln ist, es sei denn, der Käufer hatte Kenntnis von den Mängeln oder der Käufer hat grob fahrlässig die vorhandenen Sachmängel nicht erkannt. Etwas anderes gilt, wenn der Verkäufer die Mängel arglistig verschweigt. Deutlich wird das z. B. dann, wenn der Käufer die Wohnung nach einer längeren Trockenperiode besichtigt und keinerlei Nässeschäden erkennbar sind. Weist in solchen Fällen der Verkäufer nicht auf Nässeschäden bei Dauerregen hin, so handelt er arglistig und haftet für diese Mängel. Anders verhält es sich dann, wenn der Käufer selbst die Nässeschäden erkennt und meint, dass dies nicht so schlimm und für seine Kaufentscheidung nicht von Belang sei.

Etwas anderes gilt aber insoweit, dass der Verkäufer ohne Rücksicht auf Verschulden für alle Fehler des Wohnungseigentums haftet, wenn diese den Wert oder die Tauglichkeit zu dem gewöhnlichen oder dem nach dem Vertrag vorausgesetzten Gebrauch aufheben oder erheblich mindern. Hier sind z. B. die Fälle zu nennen, dass das verkaufte Hausgrundstück Hausschwamm, Trockenfäule usw. aufweist.

Der Verkäufer haftet aber auch für vertraglich zugesicherte Eigenschaften. Hier sind insbesondere die Wohnungsgröße, ein bestimmter Mietertrag usw. zu nennen.

Tipp: Kommt es dem Käufer auf ganz bestimmte Eigenschaften einer Eigentumswohnung an, so sollten diese Eigenschaften unbedingt als solche im Grundstückskaufvertrag aufgenommen werden. Es empfiehlt sich auch, vor Unterzeichnung des notariellen Kaufvertrages dem Notar nochmals zu erklären, auf welche Eigenschaften der Käufer besonderen Wert legt. Der Notar hat nicht nur zu beraten, sondern haftet auch notfalls, wenn der Vertrag unvollständig ist.

Die Grenzen der Haftung

Besonders beim Verkauf gebrauchter Eigentumswohnungen hat sich in der Praxis ein vertraglicher Ausschluss jeglicher Sachmängelansprüche herausgebildet. Trotz augenscheinlicher Vorteile für den Verkäufer ist auch der Käufer nicht schutzlos. Die Grenzen für einen Gewährleistungsausschluss für Sachmängel sind nämlich in § 476 BGB geregelt. Danach wird der Verkäufer von der Haftung immer dann nicht befreit, wenn er die Mängel kannte und arglistig verschwiegen hat. Der Verkäufer hat eine Aufklärungspflicht im Rahmen der Verkaufsverhandlungen, wenn der Käufer nach der allgemeinen Verkehrsauffassung davon ausgehen konnte, dass der Verkäufer eine Pflicht hat, über ganz bestimmte Umstände bzw. Mängel aufzuklären. Hier sind insbesondere die Fälle zu nennen, dass ein Käufer Umbaumaßnahmen an dem Kaufobjekt vornehmen will, und dies dem Verkäufer mitteilt, der Verkäufer jedoch z. B. weiß, dass wegen Denkmalsschutzvorschriften ein solcher Umbau überhaupt nicht möglich ist.

Die Übergabe

Eine weitere sehr wichtige Regelung im notariellen Kaufvertrag ist die Übergabe der Wohnung. Damit ist nicht der Eigentumsübergang – durch Eintragung im Grundbuch – gemeint, sondern die tatsächliche Übergabe der Wohnung. Es ist der Zeitpunkt, ab wann der Käufer die Wohnung tatsächlich in Besitz nimmt. Dieser Zeitpunkt ist deshalb so wichtig, weil damit für den Käufer nicht nur Vorteile, sondern unter Umständen auch Nachteile entstehen können.

Die Besitzübergabe

In einem notariellen Kaufvertrag ist in aller Regel die Formulierung enthalten: „Die Besitzübergabe erfolgt am … bzw. zum …“. Handelt es sich z. B. um eine gebrauchte, leer stehende Wohnung, so ist der Käufer ab diesem Zeitpunkt berechtigt, in die Wohnung einzuziehen. Ist die Wohnung hingegen vermietet und soll dies auch nach Vertragsschluss so bleiben, so ist der Käufer mit dem Zeitpunkt der Besitzübergabe auch der Vermieter.

Die Gefahrübertragung

Mit einer Besitzübernahme der Eigentumswohnung durch den Käufer stellt sich natürlich die Frage, was dann passiert, wenn nach Besitzübergabe die Wohnung sich z. B. durch Brand oder Hochwasser verschlechtert. Insoweit hat der Gesetzgeber in § 446 BGB geregelt, dass mit der Übergabe der verkauften

Sache die *Gefahr des zufälligen Untergangs und einer zufälligen Verschlechterung* auf den Käufer übergeht. Dies gilt auch bei Eigentumswohnungen. Im Klartext bedeutet dies, dass der Käufer nach der Besitzübernahme auch dann den Kaufpreis zahlen muss, wenn die Wohnung bzw das Haus z. B. abbrennt und keine entsprechende Versicherung besteht.

Obwohl dies in der Praxis seltener vorkommt, ist es natürlich auch möglich, in einem notariellen Kaufvertrag den Gefahrenübergang nicht nur im Sinne des Gesetzes festzuhalten, sondern in Ausnahmefällen auch davon eine abweichende Vereinbarung zu treffen. Die Regelung des § 446 BGB ist nämlich abdingbar, d.h. die Vertragsparteien können eine andere Regelung treffen.

Der Übergang von Nutzen und Lasten

Mit der Besitzübergabe gehen nicht nur die Gefahren auf den Käufer über, sondern auch die Nutzen und Lasten, die sich aus dem gekauften Wohnungseigentum ergeben. Wie oben bereits erwähnt, gehen z. B. bei einer vermieteten Eigentumswohnung mit dem Zeitpunkt der Besitzübergabe auch die Mieteinnahmen auf den Käufer über.

Eine Eigentumswohnung bringt natürlich auch Lasten mit sich. Hier ist z. B. daran zu denken, dass Gebühren, Stromrechnungen usw. anfallen. Ist in dem notariellen Kaufvertrag nichts anderes vereinbart, gehen mit der Besitzübergabe auch diese Lasten auf den Käufer über.

Die Auflassung

Der Wohnungskaufvertrag, der bisher behandelt wurde, ist nur der schuldrechtliche Teil des Erwerbs einer Eigentumswohnung. Wie bei beweglichen Sachen gehört zum Eigentumserwerb auch noch der dingliche Teil des Geschäftes.

Bei beweglichen Sachen erfolgt die Eigentumsverschaffung durch die Übergabe der Sache. Bei Grundstücken bzw. Eigentumswohnungen erfolgt der Eigentumswechsel durch Eintragung im Grundbuch.

Die Eintragung im Grundbuch setzt aber die *Auflassung* voraus. Unter einer Auflassung versteht man die Einigung der Vertragsparteien, dass das Eigentum an dem Wohnungseigentum vom Verkäufer auf den Käufer übergehen soll. Gesetzlich geregelt ist dies in § 4 WEG i.V.m. §§ 873, 925 BGB.

In der Praxis erfolgt die Auflassung zugleich im notariellen Kaufvertrag. Dies hat den Vorteil, dass keine gesonderte Gebühr beim Notar anfällt.

In einem notariellen Kaufvertrag wird deshalb in aller Regel ungefähr folgende Formulierung aufgenommen:

Auflassung
Die Vertragsparteien erklären die Auflassung wie folgt:
Wir sind uns darüber einig, dass das Eigentum an dem in § 1 dieses Vertrages bezeichneten Wohnungseigentum auf den Käufer .... übergeht.
Der Verkäufer bewilligt und der Käufer beantragt die Eintragung der Eigentumsänderung im Wohnungs-Grundbuch.
Zugleich beantragt der Verkäufer die Löschung folgender eingetragener Belastungen: ....

In vielen Fällen empfiehlt sich zur Sicherung des Käufers zugleich eine sogenannte *Auflassungsvormerkung*. Durch eine Auflassungsvormerkung wird gewissermaßen im Grundbuch noch vor der eigentlichen Eigentumsumschreibung dokumentiert, dass der Käufer mit dem Verkäufer einen Kaufvertrag über das Wohnungseigentum geschlossen hat. Der Verkäufer der Eigentumswohnung könnte nämlich nach dem notariellen Kaufvertrag, der ja nur der schuldrechtliche Teil des ganzen Geschäftes ist, die bereits an den Käufer verkaufte Eigentumswohnung auch noch an einen anderen Käufer verkaufen oder aber auch noch belasten. Er ist ja immer noch der Eigentümer der Wohnung, weil er ja noch als solcher im Grundbuch eingetragen ist.

Außerdem könnten ja auch noch Gläubiger des Verkäufers mit Hilfe von Gerichtsentscheidungen ihre Ansprüche durch Eintragung eines Grundpfandrechtes sichern. Die Auflassungsvormerkung hindert zwar den Verkäufer nicht grundsätzlich daran, noch nach dem notariellen Kaufvertrag über das Wohnungseigentum anderweitig zu verfügen. Ebenso könnten Gläubiger noch Grundpfandrechte eintragen lassen. Gegenüber dem Käufer, der durch eine Auflassungsvormerkung gesichert ist, sind die Eintragungen aber gewissermaßen unwirksam. Er kann nämlich von demjenigen, dessen Ansprüche nach der Auflassungsvormerkung eingetragen worden sind, die Löschung beantragen.

Die Auflassungsvormerkung ist also der wirksamste Schutz für den Käufer. Obwohl die Auflassungsvormerkung beim Notar keine zusätzlichen Kosten bzw. Gebühren erzeugt, löst sie jedoch Gerichtskosten aus. So ist die Eintragung und die Löschung der Auflassungsvormerkung vor Eintragung des Eigentumswechsels im Grundbuch bei Gericht kostenpflichtig.

Die Kosten und Steuern

Beim Kauf einer Eigentumswohnung fallen im Prinzip für den Käufer drei größere Kostenposten an, nämlich die Gerichtskosten für die Eintragung im Grundbuch, die Kosten des Notars und die Grunderwerbssteuer.

Außerdem ist in vielen Fällen die Einschaltung eines Maklers notwendig, um überhaupt ein Kaufobjekt zu finden. Dann fallen in aller Regel auch noch die Maklerkosten an.

Die Gerichtskosten

Die Höhe der anfallenden Gerichtskosten ist in der KostO (Kostenordnung) geregelt. Ausgangspunkt für die Berechnung der Kosten ist grundsätzlich der Wert des Wohnungseigentums, also der im Kaufvertrag vereinbarte Kaufpreis. Es fallen eine Eintragungsgebühr, eine sogenannte Fortschreibungsgebühr und Auslagen für die Grundbuchauszüge an. Soll vor Umschreibung des Eigentums im Grundbuch zur Sicherung des Käufers eine Auflassungsvormerkung eingetragen werden, so muss diese auch noch vor dem Eigentumswechsel wieder gelöscht werden. Insoweit fällt eine weitere Gebühr an.

Beispiel einer Kostenberechnung bei einem Kaufpreis (Wert) von 300.000,– DM:

Eintragungsgebühr	560,– DM
Fortschreibungsgebühr	56,– DM
Grundbuchabschrift	
a) beglaubigt	35,– DM
b) unbeglaubigt	20,– DM

Auflassungsvormerkung	
a) für die Eintragung	280,– DM
b) für die Löschung	140,– DM

Die Notarkosten

Der Notar erhält für seine Tätigkeit Gebühren, deren Höhe sich ebenfalls nach dem Wert (Kaufpreis) und nicht etwa nach seinem Arbeitsaufwand richten. Für die Beurkundung des Vertrages erhält der Notar eine so genannte 20/10 Gebühr nach § 36 KostO. Damit sind in aller Regel alle Gebühren abgegolten. Zusätzliche Gebühren entstehen natürlich dann, wenn der Notar ein Anderkonto führen soll und Zahlungen überwachen muss. Letztlich stehen dem Notar Gebühren für Schreib- und Postauslagen zu. Keine gesonderten Gebühren löst dagegen die Auflassungsvormerkung aus.

Beispiel einer Kostennote eines Notars bei einem Geschäftswert (Kaufpreis) von 300.000,– DM mit Auflassung und Hebegebühren:

Wert: 300.000,– DM	
Gebühr gem. §§ 142, 32, 36 II KostO	1.120,– DM
Gebühr gem. §§ 141, 32, 146 KostO	280,– DM
(Einholung einer Löschungsbewilligung etc.)	
Auslagen gem. §§ 152, 136 KostO	50,– DM
(Fotokopiekosten)	
Auslagen gem. §§ 152, 137 KostO	25,– DM
(Portoauslagen)	
Zwischensumme	1.475,– DM
MWSt 16 Prozent	+ 236,– DM
	= 1.711,– DM

Berechnung der Hebegebühren

1. Auszahlung – 50.000,– DM	
Geb. gem. § 149 KostO aus 5.000,– DM	50,– DM
Geb. gem. § 149 KostO aus 15.000,– DM	75,– DM
Geb. gem. § 149 KostO aus 30.000,– DM	75,– DM
2. Auszahlung – 100.000,– DM	
Geb. gem. § 149 KostO aus 5.000,– DM	50,– DM
Geb. gem. § 149 KostO aus 15.000,– DM	75,– DM
Geb. gem. § 149 KostO aus 80.000,– DM	200,– DM
3. Auszahlung – 150.000,– DM	
Geb. gem. § 149 KostO aus 5.000,– DM	50,– DM
Geb. gem. § 149 KostO aus 15.000,– DM	75,– DM
Geb. gem. § 149 KostO aus 130.000,– DM	325,– DM
Zwischensumme	975,– DM
MWSt 16 Prozent	+ 156,– DM
	= 1.131,– DM

In diesem Musterfall betragen also die notwendigen Notarkosten für die Beurkundung des Kaufvertrages und die Beantragung der Eigentumsumschreibung im Grundbuch zirka 1.710,– DM.

Die Hebegebühren, die bei der Führung eines Notaranderkontos entstehen können, betragen im obigen Musterfall zusätzlich zirka 1.130,– DM.

Es lohnt sich deshalb auf jeden Fall, darüber nachzudenken, ob es tatsächlich notwendig ist, dass der Notar ein Anderkonto führt. Wie oben dargestellt, ist es ja auch möglich, dass die beteiligten Banken den Zahlungsverkehr intern vornehmen bzw. regeln.

Die Grunderwerbsteuer

Ein nicht unerheblicher Kostenfaktor ist die Grunderwerbsteuer, die der Käufer an das Finanzamt zu zahlen hat. Diese Steuer fällt bereits bei Abschluss des notariellen Kaufvertrages an und ist vor Eintragung des Eigentumswechsels im Grundbuch zu zahlen. Generell beträgt die Grunderwerbsteuer 3,5 Prozent des Kaufpreises, der im notariellen Vertrag vereinbart ist.

Tipp: Es lohnt sich nicht, einen niedrigen „Scheinkaufpreis" im notariellen Kaufvertrag aufzunehmen, um Steuern und Gebühren zu sparen. Wenn es zum Streit kommt, gilt ohnehin der echte Kaufpreis als Bemessungsgrundlage (§ 117 BGB). Außerdem könnte der Staatsanwalt einen Betrug vermuten.

Die Maklerkosten

Besonders in den Fällen, in denen eine „gebrauchte Eigentumswohnung" erworben werden soll, ist die Einschaltung eines Maklers sehr oft unumgänglich. Um es gleich vorwegzunehmen, ein guter und seriöser Makler ist durchaus die Provision wert. Ein Makler vermittelt gewerbsmäßig im eigenen Namen, aber auf fremde Rechnung Geschäfte über Grundstücke, gewerbliche Räume, Wohnungen u. a. Ein Makler bedarf für seine Tätigkeit eine Gewerbezulassung. Man unterscheidet zwischen den Nachweis- und den Vermittlungsmaklern. Der Nachweismakler erhält die Provision für den Nachweis der Gelegenheit zum Abschluss eines Vertrages. Der Vermittlungsmakler hingegen darf die Provision erst nach dem Zustandekommen des Vertrages fordern. Seriöse Grundstücksmakler schließen schriftliche Verträge und erhalten in aller Regel zwischen 3–4 Prozent (maximal 5,75 Prozent) vom Kaufpreis als Provision. Hinzu kommt natürlich noch die Mehrwertsteuer.

Tipp: Maklerprovisionen sind frei aushandelbar. Es ist auch möglich, dass der Verkäufer die Maklerkosten trägt. Einen nicht gerade seriösen Makler erkennt man an folgenden „Sprüchen":
Die Interessenten stehen für dieses Objekt Schlange ... Am liebsten würde ich selbst kaufen ... Bei den Finanzierungsfragen kann ich Ihnen helfen, weil ich da besondere Beziehungen habe ... Notfalls können Sie das Objekt mit Gewinn wieder verkaufen ... Wegen der Steuerersparnisse ist die Belastung sehr niedrig ... Ein Steuerberater hat in diesen Fragen doch nicht die große Ahnung ...
Wenn Sie an einen solchen Makler geraten sind, brechen Sie lieber alle weiteren Verhandlungen ab. Das muss für Sie schief gehen.

Muster notarieller Kaufverträge über Wohnungseigentum

In der Praxis kommen am häufigsten die notariellen Kaufverträge über eine bereits bestehende „gebrauchte" Eigentumswohnung und der Kauf einer Eigentumswohnung vom Bauträger, also einer noch zu errichtenden Wohnung, vor.

Der notarielle Kaufvertrag über eine „gebrauchte" Eigentumswohnung

Verhandelt

in/zu .... **am** ....

Vor dem unterzeichneten Notar

....

erschien/en heute:

1. ....
2. ....

Sämtliche Anwesenden sind dem Notar persönlich bekannt.

oder

Die Erschienenen wiesen sich durch Vorlage ihres BPA Nr. ...... aus.

Die Erschienenen erklärten den folgenden

Kaufvertrag

über eine Eigentumswohnung

§ 1 Vertragsparteien

Der Erschienene zu 1) ....

– nachfolgend „der Verkäufer" genannt –

verkauft

dem Erschienenen zu 2) ....

– nachfolgend „der Käufer" genannt –

das in § 2 näher bezeichnete Wohnungseigentum.

§ 2 Vertragsobjekt

Grundbuch von ...... Blatt ......

verzeichneten Grundstücks:

lfd.Nr.01: Gemarkung ...... , Flur ...... , Flurstück ...... , GF, ... straße, ... m²,

verbunden mit dem Sondereigentum an der Wohnung ....

(Ziffer ...... des Aufteilungsplanes)

*Für die **äußere Form** eines Grundstückskaufvertrages gibt es keine besonderen Vorschriften.*
*Jeder **Notar** hat im Grunde sein eigenes Vertragsmuster entwickelt und benutzt dies auch.*
Außerdem hat heute in den meisten Kanzleien der Computer Einzug gehalten. Jeder Computerausdruck sieht natürlich ein bisschen anders aus.
Inhaltlich bestehen allerdings kaum größere Unterschiede. Natürlich kommt es vor, dass der eine oder andere Notar seine Verträge in einer anderen Reihenfolge aufbaut.

Tipp: Denken Sie immer daran, dass der Notar eine Beratungs- bzw. Aufklärungspflicht hat. Er darf nur dann den Vertrag beurkunden, wenn er sich davon überzeugt hat, dass Sie auch alles verstanden haben. Also keine Angst vor Fragen. Lieber einmal mehr als einmal zu wenig fragen.

*Der **Grundbuchbestand** muss mit dem aktuellen Grundbuchauszug übereinstimmen. Der Notar muss sich selbst vom Inhalt des Grundbuchs überzeugen oder im Vertrag niederlegen, dass er das Grundbuch nicht eingesehen hat.*
Auf den Seiten 114 ff. ist ein Originalgrundbuchauszug abgebildet.

Hinsichtlich der Einzelheiten der zu dieser Eigentumswohnung gehörenden Bestandteile wird ausdrücklich Bezug genommen auf die Teilungserklärung und Gemeinschaftsordnung.
Der Käufer erkennt den Inhalt der Teilungserklärung vom ... (Urkundennummer des Notars ......), insbesondere auch die Bestimmungen der Gemeinschaftsordnung als für ihn bindend an.
Dem Käufer ist der Inhalt der Teilungserklärung bekannt. Ihm ist eine Kopie der Teilungserklärung ausgehändigt worden.
Die Parteien verzichteten auf eine Beiheftung der Teilungserklärung zum Kaufvertrag und auf eine Verlesung dieser Urkunde.

§ 3 Gewährleistung

1. Der Verkäufer haftet für ungehinderten Übergang von Besitz und Eigentum und für Freiheit des Kaufobjekts von öffentlichen und privaten Lasten und sonstigen Rechten Dritter, soweit sie im Kaufvertrag nicht ausdrücklich übernommen werden. Für die Freiheit von altrechtlichen Dienstbarkeiten, die im Grundbuch nicht eingetragen sind, haftet der Verkäufer nicht; er erklärt jedoch, dass ihm solche Rechte nicht bekannt sind.

2. Der Käufer hat den Vertragsgegenstand besichtigt und erwirbt ihn in dem Zustand, indem er sich heute befindet. Der Verkäufer haftet nicht dafür, dass der Vertragsgegenstand heute von offenen und verborgenen Sachmängeln frei ist. Mängel, die bei der Besichtigung nicht erkennbar waren, sind dem Verkäufer nicht bekannt, was er hiermit ausdrücklich versichert. Der Verkäufer haftet nicht für die Bodenbeschaffenheit und das Flächenmaß des Grundstücks und geringfügige Abweichungen von der Wohnfläche, sofern die Abweichung ... Prozent der Wohnfläche nicht überschreitet.

*Mit der **Teilungserklärung** ist das zu erwerbende Wohnungseigentum begründet worden.*
Achten Sie auf die Baupläne (meist als Anlagen der Teilungserklärung). Eventuelle Änderungswünsche beim Zuschnitt der Wohnung müssen in den Bauplänen verzeichnet sein, um später keinen Ärger mit dem Bauamt zu bekommen.
*Die **Gemeinschaftsordnung** hat in aller Regel der Verkäufer entworfen und mit der Teilungserklärung aufgestellt. Weicht die Gemeinschaftsordnung gravierend von Ihren Vorstellungen ab, muss auf Änderung vor dem Kauf gedrungen werden.*

*Bezüglich der **Gewährleistung** werden Sie den Verkäufer selten zu einer anderen Regelung verpflichten können. Der Notar klärt hier besonders auf.*

§ 4 Besitz-, Lasten- und Nutzungsübergang

1. Besitz, Nutzen und Gefahren gehen am .... auf den Käufer über. Die öffentlichen Lasten und Abgaben gehen am .... auf den Käufer über.
2. Es besteht folgender Mietvertrag/ Nutzungsrechte Dritter.
   oder
   Der Verkäufer versichert, dass an dem verkauften Grundbesitz keine Mietverhältnisse oder Nutzungsrechte Dritter bestehen.

§ 5 Kaufpreis/Fälligkeit

1. Der Kaufpreis beträgt ....DM
   (in Worten ....)
2. Der Kaufpreis ist wie folgt zu zahlen:
   ....
3. Der Notar darf die Eigentumsumschreibung erst beantragen, wenn ihm zuvor schriftlich die Zahlung des Kaufpreises nachgewiesen worden ist.
4. Für den Fall der Zahlungsfristüberschreitung ist der Kaufpreis – unbeschadet weitergehender Rechte des Verkäufers – mit ... Prozent p.a. zu verzinsen.

§ 6 Kosten/Steuern

1. Die Kosten dieses Vertrages, seiner Ausfertigung und des Vollzugs und die anfallenden Grunderwerbssteuern trägt der Käufer.
2. Die Kosten für die Löschung eingetragener Rechte trägt der Verkäufer.

§ 7 Vormerkung/Auflassung

1. Zur Sicherung des Anspruchs des Käufers auf Übertragung des Eigentums als Berechtigter bewilligt der Verkäufer und

Bei der Vereinbarung über den **Besitz-, Lasten- und Nutzungsübergang** muss man besonders gut aufpassen.
Es geht dabei nicht unbedingt um juristische Fragen, sondern um kaufmännische Details. Wann kann der Käufer einziehen und ab wann muss er für die laufenden Kosten des Wohnungseigentums aufkommen. Verzögerungen begründen Schadensersatzansprüche an den Verkäufer.

Bei der Regelung über den **Kaufpreis** muss der Käufer aus kaufmännischer Sicht noch mehr aufpassen, als bei der Regelung der Besitzübergabe. Unter diesem Vertragspassus wird auch oft noch die Übernahme von Grundstücksbelastungen (Grundschulden und Hypotheken) geregelt.
In manchen Fällen besteht der Verkäufer auf der Unterwerfung unter die **sofortige Zwangsvollstreckung**. Der Käufer wird dies selten verhindern können, wenn der Verkäufer (zu seinem Schutz) darauf besteht. Wenn niemand von der Zwangsvollstreckungsklausel spricht, soll der Käufer nicht von sich aus dieses Problem ansprechen.

Diese **Kostenverteilung** ist üblich und wird nicht abänderbar sein. In vielen Fällen kommen noch die Kosten für das Notaranderkonto hinzu. Bei diesen Kosten können sowohl Käufer als auch Verkäufer Ihr Verhandlungsgeschick unter Beweis stellen.

Unter Ziffer 1 ist eine **Vormerkung** auf Übertragung des Eigentums nebst **Auflassung** normiert, die den Käufer für die Zeit zwischen Kaufvertrag und Eintragung im Grundbuch sichert.

beantragt der Käufer die Eintragung einer entsprechenden Vormerkung gem. § 883 BGB im Grundbuch.

2. Die Vertragsparteien sind sich über den in § 3 (Kauf) Eigentumsübergang an dem in § 1 (Grundbuchbestand) bezeichneten Wohnungseigentum einig und bewilligen und beantragen die Eintragung der Rechtsänderung im Grundbuch.
3. Der Notar soll den Eintragungsantrag stellen.
4. Für den Fall der Eintragung der Eigentumsänderung und auf diesen Zeitpunkt bewilligt und beantragt der Käufer die Löschung der Vormerkung, vorausgesetzt, dass Zwischeneintragungen ohne Zustimmung des Käufers nicht erfolgt sind.

§ 8 Vollzug

Die Vertragsparteien beauftragen und bevollmächtigen den Notar,

a) alle Anträge und Erklärungen abzugeben, die zum Vollzug dieser Urkunde im Grundbuch zweckdienlich sind,
b) alle zum Vollzug dieses Vertrages erforderlichen Genehmigungen und Zeugnisse zu beantragen und entgegenzunehmen, insbesondere eine Erklärung der Gemeinde bezüglich des gesetzlichen Vorkaufsrechtes einzuholen,
c) den Vollzug der Urkunde zu besorgen.

§ 9 Ehegattenzustimmung

Die Vertragspartei, die im gesetzlichen Güterstand der Zugewinngemeinschaft lebt, versichert, mit diesem Vertrag nicht über ihr gesamtes Vermögen verfügt zu haben.

Das Protokoll wurde den Erschienenen vorgelesen, von ihnen genehmigt und eigenhändig wie folgt unterschrieben:

....

....

*Bei Ziffer 2 handelt es sich um die eigentliche **Auflassung** im Sinne von § 925 BGB (Siehe näheres auf Seite 67 und im Glossar).*

*Sobald der **Eigentumswechsel** im Grundbuch erfolgt, ist die Auflassungsvormerkung der Ziffer 1 nicht mehr erforderlich. Um nicht erneut zum Notar gehen zu müssen, wird also zugleich die **Löschung** vereinbart.*

*Bei § 8 **(Vollzug)** handelt es sich im Grunde um reine Formalien. Insoweit kann man sich sowohl als Verkäufer als auch als Käufer ruhig auf den Notar verlassen.*
Oft wird der Notar an dieser Stelle die Bevollmächtigung einer oder mehrerer seiner Bediensteten vorschlagen, um Schreibarbeiten und Zeitverluste zu vermeiden. Insoweit bestehen ebenfalls keine Bedenken.

*Die **Ehegattenzustimmung** wird in § 1365 BGB grundsätzlich geregelt. Eine Abweichung von dieser gesetzlichen Bestimmung ist daher nicht möglich.*

Der notarielle Kaufvertrag über eine Eigentumswohnung vom Bauträger

Verhandelt

in/zu .... **am** ....

Vor dem unterzeichneten Notar

....

erschien heute:

1. der/die ...... , dienstansässig ...... , persönlich bekannt, handelnd unter Bezugnahme auf die erteilte Vollmacht vom ...... (UR.NR. ...... des amtierenden Notars), die in Urschrift bei der Beurkundung vorlag und in beglaubigter Fotokopie zur Urkunde genommen wird, für

   die ...... Bauträgergesellschaft mbH, ... (HRB ...... Amtsgericht ......)

   – die Gesellschaft wird i.f. „der Verkäufer" genannt –

2.

3.

– zu 2. und 3. i.f. gemeinsam „der Käufer" genannt –

Die Erschienenen erklärten zu meinem notariellen Protokoll was folgt:

W E - K a u f v e r t r a g

Die äußere Form kann im konkreten Fall abweichen, weil jeder Notar seine eigenen Verträge entwickelt hat und zwischenzeitlich der Computer auch in die Notarpraxis Einzug gehalten hat und die jeweiligen Computerausdrucke natürlich von der hier dargestellten Form abweichen.

Bezüglich der Erläuterung der einzelnen Vertragsbestandteile kann zunächst auf den Kaufvertrag einer „gebrauchten" Wohnung verwiesen werden.

Der Kauf vom Bauträger ist nicht ganz unproblematisch. Ein solcher Kaufvertrag muss in aller Ruhe studiert und notfalls mit einem Rechtsanwalt oder Steuerberater besprochen werden.

Tipp: Lassen Sie sich nicht zur schnellen Unterschrift drängen. Erbitten Sie Bedenkzeit, um den Vertragsentwurf nebst Teilungserklärung, Bauplänen und Gemeinschaftsordnung mit einem Anwalt zu besprechen.
Werden Sie trotz Ihrer Bitte mit Argumenten wie „das ist doch nicht erforderlich", „Anwälte und Steuerberater haben doch keine Ahnung von diesen Dingen" o.Ä. bedrängt, ohne gründliche Prüfung zu unterschreiben, nehmen Sie Abstand vom Kauf einer solchen Eigentumswohnung. Wer nichts zu verbergen hat, scheut auch keine Überprüfung!

§ 1 Sachverhalt

1. Der Verkäufer ist eingetragener Eigentümer des im

Grundbuch von ...... Blatt ......

verzeichneten Grundstücks:

lfd.Nr.01: Gemarkung ...... , Flur ...... , Flurstück ...... , GF, ... straße, ... m^2,

Das Grundstück ist nach Grundbuchvortrag in Abt. II unbelastet und in Abt. III belastet wie folgt:

lfd.Nr.0: DM 000.000,00 Buch-Grundschuld für ...... Bank, ...

2. Auf dem Grundstück errichtet der Eigentümer ein Mehrfamilienhaus in Form von Wohnungseigentum mit ...... Wohnungseinheiten und ...... Pkw-Abstellplätzen im Freien. Die Baugenehmigung ist erteilt.
   Im Zuge der Bebauung können vom Verkäufer zum Zwecke der Globalfinanzierung zusätzlich Grundpfandrechte eingetragen werden.
3. Die Beteiligten verweisen auf die Urkunde des Verkäufers vom ...... (UR.NR. ...... /97 des amtierenden Notars). Diese Bezugsurkunde enthält neben der Gemeinschaftsordnung für das Verhältnis der Wohnungseigentümer untereinander auch die Grundlagen für das Bauvorhaben, nämlich
   - die Zusammenstellung der Wohn- und Nutzfläche,
   - die Leistungsbeschreibung (Baubeschreibung),
   - die den Aufteilungsplan bildenden Baupläne.

- Der **Grundbuchbestand** muss mit dem aktuellen Grundbuchauszug übereinstimmen. Der Notar muss sich selbst vom Inhalt des Grundbuchs überzeugen oder im Vertrag niederlegen, dass er das Grundbuch nicht eingesehen hat.
  Auf den Seiten 114 ff. ist ein Originalgrundbuchauszug abgebildet.

- Die bestehenden **Grundstücksbelastungen** müssen den Absprachen entsprechen.

- Die **Baugenehmigung** sollte er sich auf jeden Fall vorlegen lassen und überprüfen, sofern er fachlich dazu in der Lage ist, oder von fachkundiger Seite prüfen lassen, ob sie auch mit den Bauplänen übereinstimmt.
  Der Käufer sollte auf einer Bankbürgschaft bestehen, um in jedem Falle abgesichert zu sein.
  Alle **Bezugsurkunden** sollten vor der Unterschrift in aller Ruhe zu Hause auf ihre Richtigkeit und Vollständigkeit überprüft werden.
  Bei Zweifeln bezüglich der **Gemeinschaftsordnung** empfiehlt sich der Rat eines Rechtsanwaltes.
  Bei Zweifeln (oder wenn man als Käufer die technischen Dinge nicht versteht) bezüglich der Wohn- und Nutzflächenberechnung, der Baubeschreibung, der Baupläne, sollte Rat bei einem neutralen Architekten oder Sachverständigen eingeholt werden.

4. Die Bezugsurkunde liegt in Urschrift bei der Beurkundung vor. Die Beteiligten erklären, dass ihnen der Inhalt und die in der Bezugsurkunde mitbeurkundeten Pläne, worauf verwiesen wird, bekannt sind und dass sie auf das Vorlesen des Textteils und die Vorlage der Pläne zur Durchsicht verzichten, ebenso auf das Beifügen der Bezugsurkunde zur heutigen Urkunde. Es wurde darüber belehrt, dass die Bezugsurkunde damit zur näheren rechtlichen Beschreibung des Kaufobjekts und der Bauverpflichtung Inhalt des Kaufvertrages wird.

§ 2 Verkauf

1. Der Verkäufer verkauft hiermit an den Käufer im Wege der zustimmungsfreien Erstveräußerung das folgende am Grundstück gebildete und in der Bezugsurkunde beschriebene Wohnungseigentum:

   Miteigentumsanteil von ...... /1.000
   verbunden mit dem Sondereigentum an der Wohnung
   Nr. ...... des Aufteilungsplans nebst dem Keller Nr. ......

   – vorstehend und i.f. auch „Kaufobjekt" genannt –
   Mehrere Käufer erwerben Miteigentum zu gleichen Anteilen.

   Dem Kaufobjekt ist zugeordnet das Sondernutzungsrecht am Pkw-Stellplatz Nr. ......

2. Mit der Bestellung sowie Eintragung von Dienstbarkeiten und Baulasten, die der Durchführung und Sicherstellung des Bauvorhabens dienen, erklärt sich der Käufer einverstanden und übernimmt diese Lasten.

*Genaue Überprüfung des **Wohnungseigentums** ist immer erforderlich.*

Es können sich auch bei einem notariellen Vertrag Fehler in der Bezeichnung einstellen. Deshalb ist eine Prüfung, ob es sich auch wirklich um den vereinbarten Stellplatz handelt, sehr wichtig. Ein „Zahlendreher" kann zu einem anderen Stellplatz führen.

Hier obliegt dem Notar eine Aufklärungspflicht. Der Käufer sollte erst unterschreiben, wenn er den Notar auch wirklich verstanden hat. Falsche Scham ist fehl am Platz.

§ 3 Eigentumsvormerkung

1. Zur Sicherung des Erwerbsanspruchs des Käufers nach § 2 wird die Eintragung einer Eigentumsvormerkung nach § 883 BGB zu seinen Gunsten im Grundbuch bewilligt und

   beantragt,

   bei mehreren Käufern im vereinbarten Anteilsverhältnis.
2. Bewilligt und **beantragt** wird ferner schon heute die Löschung jeder Eigentumsvormerkung Zug um Zug mit Vollzug der Auflassung, vorausgesetzt, dass Zwischeneintragungen ohne Zustimmung des Käufers weder anstehen noch erfolgt sind.

§ 4 Auflassungspflicht

Der Verkäufer ist verpflichtet, die Einigung über den Eigentumsübergang (Auflassung) zu erklären und zum grundbuchamtlichen Vollzug zu bringen, wenn

1. der Käufer seine sämtlichen Zahlungsverpflichtungen gegenüber dem Verkäufer aus diesem Vertrag erfüllt hat, und
2. Sondereigentum und Gemeinschaftseigentum abgenommen sind.

§ 5 Kaufpreis

1. Der Kaufpreis beträgt einschließlich Pkw-Stellplatz insgesamt

   – DM .... –

   i.W.: Deutsche Mark .... Hiervon entfallen anteilig auf den Grund und Boden DM ......

Unter Ziffer 1 ist eine ***Vormerkung*** *auf Übertragung des Eigentums nebst* ***Auflassung*** *für den Käufer normiert. Damit ist der Käufer für die Zeit zwischen Kaufvertrag und Eintragung im Grundbuch gesichert.*

Sobald der ***Eigentumswechsel*** *im Grundbuch erfolgt, ist die Auflassungsvormerkung der Ziffer 1 nicht mehr erforderlich. Um nicht erneut zum Notar gehen zu müssen, wird also zugleich die* ***Löschung*** *vereinbart.*

Bezüglich der ***Auflassungspflicht*** *kann man sich auf den Notar verlassen.*

Wenn der konkrete notarielle Vertrag erheblich vom Muster abweicht, sollte entweder der Notar um Aufklärung gebeten oder anwaltlicher Rat eingeholt werden.

2. Es gilt folgende allgemeine Fälligkeitsvoraussetzung, deren Eintritt der Notar den Vertragsparteien mitteilen wird:
   1. Der Kaufvertrag muss rechtswirksam sein.
   2. Die Eintragung der für den Käufer bewilligten Eigentumsvormerkung muss erfolgt sein.
   3. Der Eigentumsvormerkung dürfen nur folgende Rechte im Range vorgehen:
      a) Eintragungen und Belastungen, denen der Käufer zugestimmt hat;
      b) Grundpfandrechte für Geldgeber des Verkäufers, sofern deren bindende schriftliche Zusicherung vorliegt, dass die Löschung bzw. Pfandentlassung für das Kaufobjekt bewilligt wird, falls der Kaufpreis vereinbarungsgemäß gezahlt wird. In dieser Freigabeerklärung können sich die Gläubiger für den Fall der nicht vertragsgemäßen Fertigstellung das Wahlrecht vorbehalten, entweder bis dahin gezahlte Beträge zurückzuzahlen oder gegen Bezahlung bis dahin geschuldeter Beträge das Objekt von der Globalbelastung freizustellen. Ein Exemplar dieser Erklärung wird dem Käufer noch ausgehändigt.
3. Bis zum Eintritt der allgemeinen Fälligkeitsvoraussetzung ist der Verkäufer nach seiner Wahl berechtigt,
   - diese durch eine auf Kosten des Verkäufers beizubringende Sicherheit gemäß § 7 MaBV zu ersetzen, oder
   - vom Käufer die Zahlung von 5 Prozent Zinsen p.a. auf die gemäß nachstehenden Ziff. 4.) bis 6.) abgerufenen Kaufpreisraten zu fordern.

Man kann davon ausgehen, dass der Notar alles korrekt überwacht und auch auf die Freigabeerklärungen achtet.

Daran wird man als Käufer nicht viel ändern können. Allenfalls kann über den Zinssatz verhandelt werden.

4. Der Kaufpreis ist ansonsten gemessen am Baufortschritt des Kaufobjekts in folgenden Raten fällig:

1. Rate	30,0 Prozent	nach Beginn der Erdarbeiten,
2. Rate	33,6 Prozent	nach Rohbaufertigstellung, einschließlich Zimmererarbeiten; für die Herstellung der Dachflächen und Dachrinnen,
3. Rate	6,3 Prozent	für die Rohinstallation der Heizungsanlagen, der Sanitäranlagen und der Elektroanlagen,
4. Rate	7,0 Prozent	für den Fenstereinbau, einschließlich der Verglasung,
5. Rate	9,1 Prozent	für den Innenputz, ausgenommen Beiputzarbeiten; für den Estrich; für die Fliesenarbeiten im Sanitärbereich,
6. Rate	10,5 Prozent	nach Bezugsfertigkeit und Zug um Zug gegen Besitzübergabe; für die Fassadenarbeiten,
7. Rate	3,5 Prozent	nach vollständiger Fertigstellung.

1. Rate 63.6 %

5. Bei einer Erhöhung der gesetzlichen Mehrwertsteuer erhöhen sich alle Kaufpreisraten mit Ausnahme der ersten, die später als einen Monat nach Inkrafttreten der Steuererhöhung fällig werden, um den Prozentsatz der Steuererhöhung. Dies gilt nicht, wenn der betreffende Bauabschnitt innerhalb von vier Monaten ab heute erreicht ist.

*Diese **Ratenregelung** entspricht der MaBV und kann nicht geändert werden.*

Es ist deshalb davon auszugehen, dass der Notar genau darauf achtet.

Tipp: Wenn der Bauträger die einzelnen Raten anfordert, sollte vor der Zahlung überprüft werden, ob die einzelnen Bauabschnitte auch tatsächlich vorliegen bzw. eingehalten sind.
In der Praxis kommt es bei den „schwarzen Schafen" unter den Bauträgern häufig vor, dass die Angaben tatsächlich nicht stimmen. Wenn der Käufer sich nicht selbst von der Richtigkeit überzeugen kann, sollte auf jeden Fall ein Vertreter mit der Baubesichtigung beauftragt werden.
Vertrauen ist gut, Kontrolle ist besser!
Gibt es Zweifel, ob der Bauabschnitt tatsächlich erreicht ist, sollte ein Sachverständiger beauftragt werden. Stellt der Käufer oder der Sachverständige Unregelmäßigkeiten fest, empfiehlt sich vor der Zahlung der Rat eines Rechtsanwaltes.

6. Die einzelnen Raten sind innerhalb von 10 Tagen nach schriftlichem Abruf auf folgendes Bausonderkonto des Verkäufers zu überweisen:

   Nr. ......
   bei ...... Bank ...... ,
   BLZ ....

   Die Kaufpreiszahlungen können mit schuldbefreiender Wirkung nur auf das Bausonderkonto geleistet werden.
7. Kommt der Käufer mit der Kaufpreiszahlung in Verzug, so hat er für die Dauer des Verzugs Verzugszinsen in Höhe von 5 Prozent jährlich über dem jeweiligen Bundesbankdiskontsatz zu entrichten.
8. Der Kaufpreis ist im Übrigen ein Festpreis. Er umfasst die Kosten für Grund und Boden, die Kosten für die schlüsselfertige Herstellung des Kaufobjekts (Sondereigentum und Gemeinschaftseigentum anteilig) sowie alle Baunebenkosten. Im Kaufpreis sind auch alle Erschließungs- und Anliegerbeiträge nach Bundesbaugesetz, Kommunalabgabengesetz und örtlichen Satzungen enthalten, die mit der vorhandenen Erschließung und der Bauerrichtung zusammenhängen. Hierzu gehören auch sämtliche Kosten, die für den Anschluss an die öffentlichen oder privaten Versorgungs- und Entsorgungsleitungen und -einrichtungen (Wasser, Abwasser, Elektrizität und dergl.) bauseits, also vom Verkäufer aufzuwenden sind.

9. Nicht im Kaufpreis enthalten sind:
   - Kosten, Gebühren und Steuern, die durch Abschluss, Durchführung und Vollzug dieses Vertrages und der Auflassung entstehen;
   - die Kosten der Finanzierung des Kaufpreises durch den Käufer;
   - die Kosten und Nebenkosten, die durch die Aufträge des Käufers über die Ausführung von Sonderwünschen und bauliche Veränderungen entstehen.

§ 6 Vorwegbelastung

Der Verkäufer verpflichtet sich, vor Eigentumsumschreibung bei der Belastung des Kaufobjekts mit Grundpfandrechten (einschließlich Nebenrechten), auch über den Kaufpreis hinaus, zugunsten von Darlehensgebern des Käufers mitzuwirken. Die Mitwirkung erfolgt über die in § 11 erteilte Vollmacht.

Der Käufer übernimmt die so eingetragenen Belastungen ohne Anrechnung auf den Kaufpreis. Für die Kosten der Bestellung und Eintragung der Grundpfandrechte kann der Verkäufer nicht in Anspruch genommen werden.

Beide Vertragsparteien weisen die Darlehensgeber hiermit unwiderruflich an, die Grundpfandrechte bis zur vollständigen Kaufpreiszahlung nur zur Sicherung des tatsächlich zugunsten des Verkäufers ausbezahlten Kaufpreises zu verwenden (nicht für Zinsen und Nebenleistungen sowie Kosten). Insoweit gilt eine anderslautende Zweckbestimmung als abgeändert.

Der Käufer tritt bereits jetzt sämtliche Rechte und Ansprüche auf Auszahlung der durch solche Grundpfandrechte gesicherten Darlehen – bei Bausparverträgen auch die Ansprüche auf Auszahlung der Ansparsumme – nach Maßgabe der Kaufpreisfälligkeit an den Verkäufer ab, der die Abtretung annimmt. Die Vertragsparteien sind darüber einig, dass die Auszahlung der abgetretenen Beträge ausschließlich auf das Bausonderkonto vorzunehmen ist; sie weisen die Darlehensgeber unwiderruflich entsprechend an.

Der Käufer **bewilligt** bereits jetzt den Rangrücktritt der zu seinen Gunsten einzutragenden Eigentumsvormerkungen hinter diesen zur Vorwegbelastung bestellten Grundpfandrechten.

§ 7 Baupflicht, Änderungen, Sonderwünsche

1. Der Verkäufer verpflichtet sich, das Bauwerk gemäß der Baubeschreibung herzustellen und auszustatten, nur normgerechte Baustoffe zu verwenden und das Bauvorhaben nach den anerkannten Regeln der Baukunst und technisch einwandfrei zu errichten. Die Baubeschreibung geht den Plänen vor. Besondere Eigenschaften, auch Maße, werden nicht zugesichert. Sofern in Plänen und Schaubildern die Umgebung auf Nachbargrundstücken dargestellt ist, ist dies für den Vertrag unverbindlich.
   Die Bezugsfertigkeit ist vorgesehen für …… . Hierfür kann aber keine Garantie übernommen werden.
2. Änderungen in der Planung und Ausführungsart, den vorgesehenen Baustoffen und Einrichtungsgegenständen behält sich der Verkäufer vor, soweit sie sich technisch oder wirtschaftlich als zweckmäßig oder notwendig erweisen oder auf behördlichen Auflagen beruhen. Sie dürfen sich jedoch nicht wert- und

Am Inhalt des § 7 wird man als Käufer nicht viel ändern können. Solche Regelungen sind üblich und vertretbar.
Nur hinsichtlich der **Fertigstellung** *kann auf ein festes Datum bzw. auf einen bestimmbaren Zeitraum bestanden werden.*

Auch die Regelungen der §§ 8 ff. des Vertragsmusters sind ausgewogen und benachteiligen den Käufer nicht. In der Praxis wird der Käufer auch kaum insoweit Änderungen bewirken können.

Weichen die Regelungen des konkreten Vertrages allerdings gravierend von denen des Mustervertrages ab, so sollte anwaltlicher Rat eingeholt werden.

gebrauchsmindernd auf das Kaufobjekt auswirken und müssen dem Käufer zumutbar sein. Der Festpreis ändert sich dadurch nicht. Auch Änderungen der Wohn- und Nutzfläche bis zu +/– 1 Prozent haben keinen Einfluss auf den Preis und den sonstigen Vertragsinhalt.

3. Der Verkäufer ist insbesondere berechtigt, im Rahmen der bisherigen Festlegungen die räumliche und bauliche Gestaltung einschließlich Größe der anderen Einheiten sowie die Lage und Anordnung der Pkw-Stellplätze zu ändern. Der dingliche Bereich des Kaufobjekts darf dadurch aber nicht eingeschränkt und die Benutzung des Sondereigentums und des Gemeinschaftseigentums im Haus sowie bei Terrassen/Freisitzen nicht beeinträchtigt werden.
   Außerdem dürfen die Miteigentumsanteile des Käufers nicht geändert und ihm keine weiteren Verpflichtungen auferlegt werden.

Vollmacht

Der Verkäufer wird hiermit vom Käufer unter Befreiung von den Beschränkungen des § 181 BGB sowie mit dem Recht der Unterbevollmächtigung unwiderruflich bevollmächtigt, die bestehende Teilungserklärung nebst Gemeinschaftsordnung zu ändern und zum Grundbuchvollzug zu bringen. Die Vollmacht gilt auch über den Tod des Vollmachtgebers und einer Beschränkung seiner Verfügungsfähigkeit hinaus. Die Voraussetzungen für den Gebrauch dieser Vollmacht sind dem Grundbuchamt nicht nachzuweisen.

4. Sonderwünsche können nur im Rahmen der Baugenehmigung und des Baufortschrittes berücksichtigt werden. Sie bedürfen stets einer gesonderten schriftlichen Vereinbarung zwischen Verkäufer und Käufer und dürfen den Bauablauf nicht beeinträchtigen.

5. Der Käufer ist nicht berechtigt, in den Bauablauf einzugreifen und während der Bauzeit das Kaufobjekt zu benutzen. Er darf die Baustelle auf eigene Gefahr betreten, um sich vom Bautenstand zu überzeugen und sich über die Ausführung seiner Sonderwünsche zu informieren. Er hat dabei die Anweisungen der Bauleitung zu beachten. Bei Unfällen auf der Baustelle kann der Käufer gegen den Verkäufer keine Schadenersatzansprüche geltend machen.

§ 8 Übergabe, Eigentumsgemeinschaft, Haftung

1. Der Besitz, die Nutzen und Lasten des Kaufobjekts und die Gefahr des zufälligen Untergangs oder einer zufälligen Verschlechterung gehen mit dem Tag der Übergabe auf den Käufer über. Die Übergabe erfolgt, sobald das Kaufobjekt bezugsfertig ist und die bis dahin fälligen Kaufpreisraten einschließlich sämtlicher Kosten für ausgeführte Sonderwünsche bezahlt sind. Die Bezugsfertigkeit setzt nicht die Fertigstellung von Straßen und Gehwegen voraus. Die Arbeiten am Kaufobjekt müssen jedoch im Wesentlichen abgeschlossen und der Einzug zumutbar sein. Restarbeiten an den Gebäulichkeiten und den Außenanlagen können nachträglich erfolgen. Käuferseits zu erbringende Eigenleistungen hindern die Bezugsfertigkeit nicht.
2. Mit der Übergabe gilt der Käufer als Wohnungseigentümer der Wohnanlage insofern, als er von da an alle Rechte und Pflichten aus der Gemeinschaftsordnung und dem Wohnungseigentumsgesetz gegenüber den anderen Miteigentümern und Miterwerbern übernimmt. Er ist damit volles Mitglied der Gemeinschaft. Insbesondere gilt dies für Abhaltung von Eigentümerversammlungen mit Stimmrecht und der Verpflichtung zur Tragung der gemeinschaftlichen Kosten und Lasten. Auch die

Verpflichtungen aus einem bestehenden oder noch abzuschließenden Verwaltervertrag werden übernommen. Ab dem Monat des Besitzüberganges ist der Käufer zur Leistung anteiliger gemeinschaftlicher Kosten verpflichtet.
Bis zur Eigentumsumschreibung wird der Käufer unwiderruflich bevollmächtigt, alle Rechte eines Eigentümers wahrzunehmen. Der Verkäufer verzichtet insoweit auf die Wahrnehmung eigener Rechte als Noch-Eigentümer.

3. Der Verkäufer hat die Bezugsfertigkeit und einen Termin für die Übergabeverhandlung dem Käufer mit einer Frist von zwei Wochen zwischen Absendung der Mitteilung und Übergabetermin schriftlich mitzuteilen. Bei Übergabe findet eine gemeinsame Besichtigung des Kaufobjekts statt, über die eine vom Verkäufer und Käufer zu unterzeichnende Niederschrift angefertigt wird. Hierin sind alle Mängel und ausstehenden Leistungen aufzunehmen.
   Erscheint der Käufer zum Übergabetermin nicht oder bezieht er das Kaufobjekt schon vor Übergabe, so gilt das Kaufobjekt als beanstandungs- und mängelfrei übergeben, falls er Mängel nicht innerhalb von sechs Werktagen nach dem Übergabetermin bzw. Bezug der Wohnung schriftlich gegenüber dem Verkäufer rügt und der Verkäufer den Käufer bei der Einladung zur Übergabe auf diese Rechtsfolge aufmerksam gemacht hat.
4. Die Abnahme der Bauteile und Anlagen, die im gemeinschaftlichen Eigentum aller Miteigentümer stehen, erfolgt nach Fertigstellung durch die Wohnungseigentümer (Käufer) und im Beisein des Verwalters ebenfalls in einer gleichgearteten förmlichen Abnahme.

§ 9 Gewährleistung

1. Soweit in diesem Vertrag nichts anderes vereinbart ist, haftet der Verkäufer für ungehinderten Besitz- und lastenfreien Eigentumsübergang einschließlich öffentlicher Lasten, sonst jedoch für nichts, insbesondere nicht für das Flächenmaß, die Bodenbeschaffenheit und Verwertbarkeit. Der Verkäufer haftet auch nicht für Freiheit von umweltschädlichen Altlasten. Er erklärt, dass ihm solche auch nicht bekannt sind.
2. Für die Bauleistungen, Architekten- und Ingenieurleistungen gilt das Gewährleistungsrecht des Bürgerlichen Gesetzbuches zum Werkvertrag mit folgender Maßgabe:
   - Die Gewährleistungsfrist beträgt fünf Jahre bei Bauwerksarbeiten, ein Jahr bei Arbeiten am Grundstück.
   - Der Käufer hat zunächst Anspruch auf Nachbesserung.
   - Bei Unverhältnismäßigkeit oder Fehlschlagen der Nachbesserung kann der Käufer Herabsetzung des Kaufpreises (Minderung) verlangen.
   - Rückgängigmachung des Kaufvertrages (Wandelung) wird ausgeschlossen.
   - Unberührt bleiben die gesetzlichen Schadensersatzansprüche; für Mangelfolgeschäden wird die Haftung auf Vorsatz und grobe Fahrlässigkeit beschränkt.
3. Der Verkäufer weist den Käufer darauf hin, dass die Gewährleistungshaftung sich nicht auf normale Abnützung erstreckt, insbesondere nicht auf Teile und Anlagen, die einem besonderen Verschleiß unterliegen, soweit deswegen eine Reparaturbedürftigkeit eintritt. Es obliegt daher dem Käufer, solche Bauteile und Anlagen durch laufende Wartung in einem ordentlichen Zustand zu erhalten. Auch Anstriche bedürfen der regelmäßigen Erneuerung, wenn sie die erforderlichen Schutzwirkungen beibehalten sollen; dies gilt insbesondere für Außenanstriche.

4. Der Käufer kann verlangen, dass der Verkäufer Gewährleistungsansprüche gegen am Bau beteiligte Unternehmer, Architekten und Ingenieure an ihn abtritt, wenn von dem Verkäufer kein Ersatz zu erlangen ist.

§ 10 Rücktritt

Rücktrittsrechte richten sich nach den gesetzlichen Bestimmungen. Hierfür gilt jedoch Folgendes:

- Der Rücktritt ist in allen Fällen schriftlich an den Vertragspartner zu erklären.
- Rückerstattung von Kaufgeldern erfolgt Zug um Zug gegen Abgabe der Löschungsbewilligung der Vormerkung und von Finanzierungsgrundpfandrechten des Käufers. Geltendmachung von Schadensersatzansprüchen bleibt beiderseits vorbehalten.
- Hat der Käufer den Rücktritt zu vertreten, kann der Verkäufer ungeachtet höherer Ansprüche eine Schadenspauschale von 3 Prozent des Gesamtkaufpreises geltend machen, es sei denn, der Käufer weist nach, dass dem Verkäufer ein Schaden in dieser Höhe nicht entstanden ist. Bei Schadensberechnungen sind insbes. Zinsverluste, Werbungskosten, Zeitaufwand für neuen Verkauf, Notar und Gerichtskosten des Verkäufers zu berücksichtigen. Ausgeführte Sonderwünsche werden nicht ersetzt. Zurückzuzahlende Kaufgelder werden nicht verzinst.

§ 11 Vollmacht

1. Die Vertragsparteien bevollmächtigen hiermit die Kanzleiangestellten ...., ..., ..., alle dienstansässig beim amtierenden Notar, und zwar jeweils einzeln und unter Befreiung von den Beschränkungen des § 181 BGB sowie mit dem Recht der Unterbevollmächtigung:

a) alle zum Vollzug und zur Durchführung, Abänderung und Ergänzung der Bezugsurkunde und des Vertrages erforderlichen und/oder zweckmäßigen Erklärungen abzugeben und entgegenzunehmen;
b) insbesondere das Kaufobjekt mit den zur Finanzierung des Käufers erforderlichen Grundpfandrechten in dem von den Gläubigern verlangten Umfang zu belasten, für den Käufer (mehrere als Gesamtschuldner) die persönliche Schuldhaft
   - für den Betrag der Grundschuld (bei Grundschulden)
   - für die Darlehensforderung (bei Hypotheken)

   jeweils nebst aller Zinsen, Nebenleistungen und Kosten zu erklären, im gleichen Umfang Schuldbekenntnisse abzugeben, die Vertragsparteien insoweit der sofortigen dinglichen und – nur beim Käufer – persönlichen Zwangsvollstreckung zu unterwerfen sowie alle zur Rangbeschaffung erforderlichen Erklärungen einschließlich Rücktritt der Eigentumsvormerkung abzugeben;
c) insbesondere Dienstbarkeiten und Baulasten zu bestellen und einzutragen, die der Durchführung und Sicherstellung des Bauvorhabens dienen;
d) insbesondere die Auflassung für das Kaufobjekt zu erklären und entgegenzunehmen und alle zur Umschreibung erforderlichen Erklärungen an das Grundbuchamt abzugeben.

2. Die Vollmacht gilt über den Tod der Vertragsparteien hinaus und erlischt erst ein Jahr nach Eintragung der Auflassung der letzten WE-Einheit im Grundbuch. Sie kann nur beim amtierenden Notar oder dessen Vertreter im Amt ausgeübt werden. Die Voraussetzungen für ihren Gebrauch sind dem Grundbuchamt nicht nachzuweisen.

§ 12 Mehrere Käufer, Vollstreckungsunterwerfung

1. Sind mehrere Personen aus diesem Vertrag verpflichtet, so haften sie als Gesamtschuldner. Mehrere Käufer bevollmächtigen sich gegenseitig zur Empfangnahme und Abgabe von allen Erklärungen im Zuge der Durchführung des Vertrages. Ehegatten stimmen gegenseitig allen Erklärungen zu.
2. Wegen der in dieser Urkunde eingegangenen Zahlungsverpflichtungen unterwirft sich jeder Käufer der sofortigen Zwangsvollstreckung aus dieser Urkunde in sein gesamtes Vermögen. Der Notar ist berechtigt, dem Verkäufer nach Darlegung der Fälligkeit jederzeit – nicht jedoch vor Ablauf einer Woche, nachdem der Notar den Käufer zur Stellungnahme aufgefordert hat – eine vollstreckbare Ausfertigung der Urkunde auf Kosten des Käufers zu erteilen. Nachweis der die Fälligkeit begründenden Tatsachen ist nicht erforderlich. Eine Umkehr der Beweislast ist damit jedoch nicht verbunden, sodass im Falle der Vollstreckungsgegenklage der Nachweis der Fälligkeit dem Verkäufer obliegt.

§ 13 Sonstiges

1. Änderungen, Zusätze und Nebenabreden zu diesem Vertrag sowie etwaige Zusicherungen des Verkäufers bedürfen gemäß § 313 BGB grundsätzlich immer der notariellen Beurkundung. Soweit keine gesetzliche Beurkundungspflicht besteht, wird hierfür Schriftform vereinbart.
2. Der Käufer kann nur mit unbestrittenen oder rechtskräftig festgestellten Gegenforderungen aufrechnen. Zurückbehaltungsrechte können nur aus diesem Vertragsverhältnis geltend gemacht werden.
3. Dieser Vertrag soll bei etwaigen Lücken, Unklarheiten oder Veränderungen in seinen Grundlagen so ausgelegt werden,

wie es dem Sinn der Gesamtvereinbarungen entspricht. Sollte eine Vereinbarung unwirksam sein oder werden, so ist sie durch eine wirksame Vereinbarung zu ersetzen, die dem Sinn und Zweck der weggefallenen Vereinbarung möglichst nahe entspricht. Sollte eine dieser Vereinbarungen unwirksam sein oder werden, so sollen die übrigen Vereinbarungen dennoch wirksam bleiben.

§ 14 Hinweise, Vollzug

1. Die Beteiligten wurden vom Notar über Inhalt und Bedeutung ihrer Erklärungen belehrt und dabei darauf hingewiesen,
   - dass der Grundbesitz und damit der jeweils im Grundbuch eingetragene Eigentümer für Rückstände an öffentlichen Lasten haftet;
   - welche Sicherungsfunktion der Eigentumsvormerkung zukommt;
   - dass das Eigentum nicht schon mit Abschluss des Vertrages, sondern erst mit der Eintragung des Eigentumsüberganges im Grundbuch auf den Käufer übergeht und dass diese Eintragung erst erfolgen kann, wenn die Urkunde über die Auflassung errichtet ist, erforderliche Genehmigungen erteilt sind, die Unbedenklichkeitsbescheinigung des Finanzamtes wegen der Grunderwerbsteuer vorliegt und alle Kosten bezahlt sind.
2. Der Notar hat speziell über den Sinn und das Wesen der Belastungsverpflichtung in § 6 sowie der Vollmachten in §§ 7 und 11 des Vertrages belehrt und dabei insbesondere den Umfang von Belastungen und persönlicher Schuldhaft einschließlich Zwangsvollstreckungsunterwerfung ausführlich erörtert.

3. Der Notar wird mit Vollzug und Durchführung der Urkunde beauftragt und soll alle erforderlichen Genehmigungen und Bescheinigungen einholen und für die Vertragsparteien entgegennehmen.
4. Mehrere urkundlich gestellte Anträge gelten nicht als einheitlicher Antrag. Der Notar wird ermächtigt, die Anträge für die Vertragsparteien zu stellen, einzuschränken, abzuändern und zurückzunehmen.
5. Eintragungsnachrichten des Grundbuchamtes werden für die Vertragsparteien und den Notar **beantragt**. Die Richtigkeit der Nachrichten werden die Vertragsparteien selbst überprüfen.
6. Der Notar hat den bisherigen Grundbuchinhalt festgestellt.

§ 15 Kosten, Abschriften

1. Die Kosten dieser Urkunde und ihres Vollzugs, der Nachtragsurkunde (Auflassung) sowie die anfallende Grunderwerbsteuer trägt der Käufer. Die Kosten der Lastenfreistellung von Grundpfandrechten für Geldgeber des Verkäufers trägt dieser. Die Kosten für Vertretungsnachweise und -genehmigungen gehen zu Lasten der vertretenen Partei.
2. Von der Urkunde erhalten:
   - Ausfertigung das Grundbuchamt zum Vollzug.
   - Abschrift(en) das Finanzamt zur Erteilung der steuerlichen Unbedenklichkeitsbescheinigung.
   - Abschrift der Gutachterausschuss der Gemeinde.
   - 2 Abschriften – davon 1 begl. – der Verkäufer.
   - 2 Abschriften – davon 1 begl. – der Käufer.

Das Protokoll wurde den Erschienenen vorgelesen, von ihnen genehmigt und eigenhändig wie folgt unterschrieben:

....

Die Eintragung im Grundbuch

Wie oben bereits erwähnt, erfolgt der Eigentumswechsel bei einer Eigentumswohnung erst mit der Eintragung des Käufers als neuem Eigentümer im Grundbuch. Im Grundbuch werden aber nicht nur der Eigentümer, sondern auch Lasten und Beschränkungen des Wohnungseigentums und die sogenannten Grundpfandrechte eingetragen.

Die dinglichen Belastungen

Wenn sich der Eigentümer eines Wohnungseigentums nicht nur schuldrechtlich verpflichten will, so kann er wegen einer solchen Verpflichtung auch sein Wohnungseigentum belasten. Eine solche Last ruht dann gewissermaßen auf dem Wohnungseigentum. Wenn das Wohnungseigentum also für die Verpflichtungen des Eigentümers haften soll, so müssen sich solche Lasten aus dem Grundbuch ergeben. Deshalb spricht man ja auch von den dinglichen Belastungen. Die häufigsten dinglichen Belastungen sind nachfolgend erläutert.

Nießbrauch

Bei einem **Nießbrauch** handelt sich um das Recht, aus der belasteten Sache die Nutzungen zu ziehen, § 1030 BGB. Der häufigste Fall des Nießbrauchs an einem Wohnungseigentum ist das Wohnungsrecht. Der Nießbraucher ist danach berechtigt, die Eigentumswohnung zu Wohnzwecken zu nutzen. Eine weitergehende Nutzung oder gar die Veräußerung des Wohnungseigentums ist also ausgeschlossen.

Ein Wohnungseigentum kann auch in der Form belastet werden, dass derjenige, zu dessen Gunsten die Belastung erfolgt, berechtigt ist, das Wohnungseigentum in einzelnen Beziehun-

Beschränkte persönlichen Dienstbarkeit

gen zu benutzen, § 1090 BGB. In solchen Fällen spricht man von einer **beschränkten persönlichen Dienstbarkeit**, weil die Belastung des Wohnungseigentums zugunsten einer ganz bestimmten Person besteht. So kann z. B. jemand auf Grund einer solchen beschränkten persönlichen Dienstbarkeit berechtigt sein, seinen Pkw auf dem Grundstück eines anderen an einer bestimmten Stelle abstellen zu dürfen.

Reallast

Bei einer **Reallast** sind aus dem Wohnungseigentum an den Berechtigten wiederkehrende Leistungen zu erbringen. Sie verleiht kein unmittelbares Nutzungsrecht des Wohnungseigentums. Das Wohnungseigentum haftet aber für die Leistung (z. B. Naturalien oder Geldzahlungen) durch den Eigentümer. Eine ganz typische Reallast ist das sogenannte *Altenteil*.

Hypothek

Die wohl bekannteste dingliche Belastung eines Grundstücks ist die **Hypothek**. Bei einer Hypothek wird ein Wohnungseigentum derart belastet, dass aus dem Wohnungseigentum an den Berechtigten eine Geldsumme zur Befriedigung seiner Forderung zu zahlen ist, § 1113 BGB. Der Bestand der Hypothek ist vom Bestand der Forderung abhängig. Diese Abhängigkeit nennt man *Akzessorietät*. Der Hypothekengläubiger und der Gläubiger der Forderung können danach niemals zwei verschiedene Personen sein. Der Hypothekengläubiger ist also stets identisch mit dem Forderungsgläubiger. Erlischt die Forderung (z. B. durch Erfüllung), so geht die Hypothek auf den Eigentümer über. Sie wird zur *Eigentümerhypothek*. Ist ein Hypothekenbrief erteilt worden, so spricht man von einer *Briefhypothek*. Anderenfalls handelt es sich um eine *Buchhypothek*. Besondere Arten der Hypothek sind noch die *Sicherungshypothek* und die *Höchstbetragshypothek*. Bei der Sicherungshypothek muss der Gläubiger die Forderung nachweisen und kann sich nicht auf die Eintragung im Grundbuch (öffentlicher Glaube des Grundbuchs) berufen. Die Sicherungshypothek ist nur als Buchhypothek möglich. Ist der Forderungsbetrag nicht bestimmt, sondern nur der Höchstbetrag, bis zu welchem das Wohnungseigentum haften soll, so spricht man von einer *Höchstbetragshypothek.* In der Praxis hat heute die Grundschuld die Hypothek weitgehendst verdrängt.

Die heute übliche Form der Sicherung eines Gläubigers ist die **Grundschuld**. Bei einer Grundschuld wird ein Wohnungseigentum derart belastet, dass an denjenigen, zu dessen Gunsten die Belastung erfolgt, eine bestimmte Geldsumme aus dem Wohnungseigentum zu zahlen ist, § 1191 BGB. Damit erfolgt also eine abstrakte Belastung des Wohnungseigentums. Bei einer Grundschuld ist die Belastung unabhängig vom Bestand der Forderung. Sie ist also nicht akzessorisch und unterscheidet sich dadurch von der Hypothek. Man unterscheidet wie bei der Hypothek zwischen einer *Briefgrundschuld* und einer *Buchgrundschuld.* Allerdings kann der Eigentümer auch sofort für sich eine *Eigentümergrundschuld* eintragen lassen.

Grundschuld

Das Wohnungs-Grundbuch

Das formelle Liegenschaftsrecht ist in der Grundbuchordnung (GBO), die noch aus dem Jahre 1897 stammt, geregelt. Danach ist die Führung der Grundbücher den Grundbuchämtern übertragen. Mit Ausnahme von Baden-Württemberg werden die Grundbücher bei den Amtsgerichten geführt. In Baden-Württemberg besteht in jeder Gemeinde ein staatliches Grundbuchamt, das von einem im Landesdienst stehenden Notar geführt wird. Für jedes Grundstück wird ein besonderes Grundbuch in Form eines Grundbuchblattes angelegt. Handelt es sich um Wohnungseigentum, so heißt das Grundbuch Wohnungs-Grundbuch. Das Wohnungs-Grundbuch unterscheidet sich vom üblichen Grundbuch also lediglich durch den Zusatz „Wohnungs“. Das Grundbuchblatt besteht aus folgenden Teilen:

1. Der Aufschrift

Hier ist das Amtsgericht, der Grundbuchbezirk, die Band- und Blattnummer angegeben.

2. Dem Bestandsverzeichnis

Dieses enthält nähere Angaben über das Grundstück, wie Gemarkung, Flur, Flurstück, Größe usw.

3. Den drei Abteilungen:

Abteilung I – Dieses Blatt ist rosafarben und enthält Angaben zum Eigentümer und den Grund des Erwerbs.

Abteilung II – Dieses Blatt ist gelb und enthält die Lasten und Beschränkungen, wie z. B. Dienstbarkeiten, Vorkaufsrechte, Vermerke bezüglich einer Zwangsversteigerung oder einer Zwangsverwaltung.

Abteilung III – Die Farbe dieses Blattes ist grün und enthält die Belastungen mit den Grundpfandrechten.

Die Eintragungen auf dem Grundbuchblatt sind auf das Notwendigste beschränkt. Deshalb gehört zu jedem Grundbuchblatt auch noch die ganz wichtige Grundakte. In dieser Grundakte sind alle Verträge usw. enthalten.

Das Grundbuch kann von jedem eingesehen werden, der ein berechtigtes Interesse nachweist. So bestimmt es § 12 GBO. Das Grundbuchamt hat auch gebührenpflichtige Abschriften zu erstellen. Das klingt gut, ist aber in der Praxis etwas anders. Die Geschäftsstellenbeamten legen strenge Maßstäbe an das „berechtigte Interesse“. Wenn sie das nicht tun würden, könnten sie sich vor neugierigen Nachbarn nicht retten.

Tipp: Lassen Sie sich vom Verkäufer schriftlich bestätigen, dass Sie mit ihm in Verkaufsverhandlungen stehen und deshalb zur Grundbucheinsicht berechtigt sind.

Notare allerdings erhalten ohne Darlegung eines berechtigten Interesses Einsicht in die Grundbücher. Man unterstellt einfach, dass Notare nicht ihre private Neugierde befriedigen, sondern aus dienstlichen Gründen Einsicht nehmen.

Auf den Seiten 114 ff. sind die originalen Grundbuchblätter abgebildet.

Die Eintragungen in das Grundbuch

Eintragungen im Grundbuch werden nur unter ganz bestimmten Voraussetzungen vorgenommen. Das Grundbuch hat nämlich einen öffentlichen Glauben. Alles was im Grundbuch steht, gilt als richtig.

Voraussetzungen für eine Eintragung im Grundbuch sind der Eintragungsantrag, die Bewilligung des von der Eintragung Betroffenen und dass der Betroffene als solcher zuvor im Grundbuch eingetragen ist.

Antrag

Eintragungen in das Grundbuch erfolgen in aller Regel auf **Antrag**. Nur in seltenen Ausnahmefällen erfolgen Eintragungen von Amts wegen. Aber auch auf Ersuchen von Behörden erfolgen bestimmte Eintragungen (z. B. der Konkursgerichte).

Antragsberechtigt ist jeder, dessen Recht von der Eintragung betroffen ist oder zu dessen Gunsten die Eintragung erfolgen soll.

Beantragt dagegen ein Notar die Eintragung, so wird seine Vollmacht vermutet, wenn er die für die Eintragung erforderliche Erklärung beurkundet oder beglaubigt hat.

Nun kommt es in der Praxis nicht selten vor, dass mehrere Anträge mit unterschiedlichen Inhalten gestellt werden. Insoweit gibt es ganz wichtige und strenge Regeln beim Grundbuchamt. Werden mehrere Eintragungen beantragt, durch die dasselbe Recht betroffen wird, so darf die später beantragte Eintragung nicht vor der Erledigung der zuvor beantragten Eintragung erfolgen, § 17 GBO.

Aus diesem Grund erhält jeder Antrag bei Eingang im Grundbuchamt einen Eingangsstempel mit Datum und Uhrzeit. Damit ist sichergestellt, dass alle Anträge der Reihe nach bearbeitet und eingetragen werden.

Bewilligung

Eine Eintragung in das Grundbuch erfolgt nur dann, wenn derjenige sie bewilligt, dessen Recht von der Eintragung betroffen ist. Natürlich gilt das nicht in den Fällen, in denen die Eintragung von Amts wegen erfolgt. Die **Bewilligung** erfolgt durch eine öffentliche oder öffentlich beglaubigte Urkunde. Dabei kann der Antrag und die Bewilligung in einer Urkunde erfolgen. In der Praxis sorgt der Notar bei der Beurkundung des Kaufvertrages schon dafür, dass alle notwendigen Erklärungen in ein und derselben Urkunde aufgenommen werden.

Betroffener

Eine Eintragung soll letztlich nur erfolgen, wenn der von der Eintragung **Betroffene** zuvor im Grundbuch eingetragen ist, wie in § 39 GBO vorgesehen.

Von dieser Pflicht gibt es folgende Ausnahmen:

a) Ein Gläubiger einer Briefhypothek bzw. einer Briefgrundschuld braucht dann nicht eingetragen zu sein, wenn er den Brief vorlegt und sein Gläubigerrecht nach § 1155 BGB nachweist.

b) Ist der Betroffene der Erbe des eingetragenen Berechtigten, so braucht er bei einer Übertragung oder Aufhebung des Rechts nicht vorher eingetragen zu werden, § 40 GBO.

Das eigentliche Eintragungsverfahren

Der Rechtspfleger hat vor der Eintragung nur deren Zulässigkeit zu prüfen. Er prüft nicht, ob das für die Eintragung zugrunde liegende Rechtsgeschäft wirksam ist oder nicht. Ist der Antrag zulässig, so wird die Eintragung im Grundbuch vorgenommen.

Auf den folgenden vier Doppelseiten finden Sie die Abbildungen von Musterseiten, wie sie in einem Wohnungs-Grundbuch stehen könnten, und zwar das Bestandsverzeichnis (S. 114 f.), das Lage und Wirtschaftsort, Bezeichnung und Größe sowie die mit dem Eigentum verbundenen Rechte fixiert, die Abteilung I, in der die Eigentümer eingetragen werden (S. 116 f.), die Abteilung II mit den Lasten und Beschränkungen (S. 118 f.) und schließlich die Abteilung III für die Grundpfandrechte (S. 120 f.).

Muster des Bestandsverzeichnisses (Farbe weiß)

Amtsgericht Neustadt **Grundbuch von** Neu

Laufende Nummer der Grundstücke	Bisherige laufende Nummer d. Grundstücke	Bezeichnung der Grundstücke und d			
		Gemarkung (Vermessungsbezirk)	Karte: Flur	Karte: Flurstück	Liege schaft buch
		a	b		c/d
1	2				
1		500/1000 Miteigentumsanteil an dem			
		Neustadt	1	2/3	

verbunden mit dem Sondereigentum
des Aufteilungsplans). Das Miteige
dem anderen Miteigentumsanteil (ei
dereigentumsrecht beschränkt. Der
rung des Wohnungseigentums der Zus
mers. Dies gilt nicht bei einer Ve
streckung oder durch den Konkursve
gen. Im übrigen wird wegen des Geg
gentums auf die Eintragungsbewilli
men. Eingetragen am 10. Dezember

Müller

Handblatt

G S 132 Handblatt, Einlageblatt Bestandsverzeichnis
G. Ph. Schaefer G. m. b. H., Offenbach (Main) – 1. 1969

stadt **Band** 10 **Blatt** 101 **Bestandsverzeichnis**

mit dem Eigentum verbundenen Rechte		Größe		
	Wirtschaftsart und Lage			
	e	ha	a	m²
3		4		
Grundstück				
	Gebäude- und Freifläche-Wohnen, Dorfstraße 1		10	25

an der Wohnung im Erdgeschoß (Ziffer 1
ntum ist durch die Einräumung des zu
.ngetragen in Blatt 102) gehörenden Son-
Wohnungseigentümer bedarf zur Veräuße-
timmung des anderen Wohnungseigentü-
räußerung im Wege der Zwangsvoll-
rwalter sowie an einen Familienangehöri-
enstandes und des Inhalts des Sonderei-
.gung vom 11. November 1996 Bezug genom-
1996.

Schneider

Muster der ersten Abteilung (Farbe rosa)

Amtsgericht Neustadt **Grundbuch von** Neu

Laufende Nummer der Eintragungen	Eigentümer
1	2
1 a)	M u s t e r , Wilfried, geb. 1.1.1949,
b)	Muster geb. Meier, Corinna, geb. am 26.6.1950,
	Neustadt
	- je zu 1/2 -

Handblatt

GS 133 Handblatt, Einlageblatt, Erste Abteilung
G. Ph. Schaefer G.m.b.H., Offenbach (Main) – 1. 1969

stadt **Band** 10 **Blatt** 101 **Erste Abteilung**

Laufende Nummer der Grundstücke im Bestandsverzeichnis	Grundlage der Eintragung
3	4
1	Aufgrund Teilungserklärung vom 11. NOvember 1996 gemäß § 8 WEG eingetragen am 10. Dezember 1996. Müller Schneider

uster der
veiten
bteilung
arbe gelb)

Amtsgericht Neustadt **Grundbuch von** Neu

Laufende Nummer der Eintra-gungen	Lfd. Nummer der betroffenen Grund-stücke im Bestands-verzeichnis	
1	2	
1	1	Grunddienstbarkeit (Einwirku tung) für die jeweiligen Eig stücke 30/23,30/9,30/22,30/25, gemäß § 428 BGB. Unter Bezug 12. Februar 1996 (Notar Bill 1996in Blatt 90. Hierher sow legte Grundbuchblatt (Blatt Müller

Handblatt

GS 134 Handblatt, Einlageblatt, Zweite Abteilung
G. Ph. Schaefer G.m.b.H., Offenbach (Main) – 1.1969

stadt **Band** 10 **Blatt** 101 **Zweite Abteilung**

Lasten und Beschränkungen

3

ngs- und Emissionsbeeinträchtigungsduldungsverpflich-
entümer der Grundstücke der Gemarkung Flur 8, Flur-
30/20,30/13,102/30 und 92/30 als Gesamtberechtigte
nahme auf die Bewilligung vom 26. September 1995 und
ig, Neustadt, UR Nr. 214/95) eingetragen am 15. April
ie auf das für den anderen Miteigentumsanteil ange-
102) übertragen am 10. Dezember 1996.

Schneider

Muster der dritten Abteilung (Farbe grün)

Amtsgericht Neustadt **Grundbuch von** Neu

Laufende Nummer der Eintragungen	Laufende Nummer der belasteten Grundstücke im Bestandsverzeichnis	Betrag	
1	2	3	
1	1	100.000,-- DM	Einhunderttau Hundert Jahres vom Hundert für tümer ist der Bezugnahme auf Notar Billig, Hierher sowie Grundbuchblatt

Handblatt

G S 135 Handblatt, Einlageblatt Dritte Abteilung
G. Ph. Schaefer G. m. b. H., Offenbach (Main) – 3. 1962

stadt **Band** 10 **Blatt** 101 **Dritte Abteilung**

Hypotheken, Grundschulden, Rentenschulden

4

send Deutsche Mark Briefgrundschuld nebst achtzehn vo
zinsen und einer einmaligen Nebenleistung von zehn
die Deutsche Bank in Neustadt. Der jeweilige Eigen-
sofortigen Zwangsvollstreckung unterworfen. Unter
die Bewilligung vom 22. Mai 1996 (UR Nr. 74/96,
Neustadt) eingetragen in Blatt 90 am 29. Juni 1996.
auf das für den anderen Miteigentumsanteil angelegte
(Blatt 102) übertragen am 10. Dezember 1996.

Müller Schneider

Die
Finanzierung

Woher kommt das Geld?

Wer ist schon in der glücklichen Lage, den Kaufpreis so ganz einfach in bar zu bezahlen? Die meisten „Wohnungskäufer" müssen entweder den gesamten Kaufpreis oder aber einen großen Teil davon finanzieren.

Man unterscheidet im Prinzip die drei klassischen Finanzierungsarten:

1. die Finanzierung über ein Bauspardarlehen,
2. die Finanzierung über ein Bankdarlehen und
3. die Finanzierung über eine Kapitallebensversicherung.

Welche Art der Finanzierung zu empfehlen ist, hängt vom Einzelfall ab. Insbesondere spielt dabei eine Rolle, wieviel Eigenkapital vorhanden ist, wie hoch der mögliche monatliche Abtrag sein kann und wann das Wohnungseigentum erworben werden soll.

Außerdem spielt der Umfang der Eigenleistung eine Rolle. Je mehr Eigenleistungen möglich sind, desto weniger Fremdmittel sind zu finanzieren.

Beim Wohnungskauf spielt der Posten „Eigenleistung" natürlich nur bedingt eine Rolle. Nur beim Kauf einer „gebrauchten" Wohnung kommen ein Umbau oder größere Renovierungsarbeiten in Betracht.

Wenn die Mittel für diese Arbeiten nicht vorhanden sind und finanziert werden müssen, lohnt es sich auf jeden Fall, einmal darüber nachzudenken, ob man nicht vieles in Eigenleistung erbringen kann. Zumindest fallen dann nur die Materialkosten an und man spart die teuren Handwerkerstunden.

Finanzierungsart	Bauspardarlehen	Bankdarlehen	Kapitallebensversicherung
Vorteile	günstiger Zins, niedrige Gesamtkosten, hohe Flexibilität kalkulierbare Belastungen	einfache Abwicklung wenig Barmittel erforderlich, ständige Darlehensreduzierung umfangreiche Gestaltungsmöglichkeiten	günstiger Zins, Versicherungsschutz, niedrige Nebenkosten
Nachteile	hohe Tilgungsraten, kein genauer Zuteilungstermin	hohe Nebenkosten, unübersichtliche Nebenbedingungen	Darlehenstilgung erst bei Versicherungsablauf, hohe monatliche Tilgung, günstiger Zins nur bis zu 40 Prozent der Gesamtkosten

Die Vor- und Nachteile der einzelnen Finanzierungsarten.

Das Eigenkapital

Ohne ein gewisses Eigenkapital dürfte eine Finanzierung – gleichgültig, welche Finanzierungsart man wählt – kaum möglich sein. Als Faustregel kann gelten, dass immer wenigstens $^1/_3$ des Kaufpreises als Eigenkapital vorhanden sein sollte. Bei „guten und sicheren“ Kunden akzeptieren die Banken natürlich auch ein geringeres bzw. gar kein Eigenkapital. Die Höhe des erforderlichen Eigenkapitals hängt letztlich davon ab, wie hoch Ihre monatliche Belastung zur Finanzierung der Fremdmittel sein kann bzw. sein soll. Um diese Belastbarkeit feststellen zu können, empfiehlt sich ein „Kassensturz“ anhand der Checkliste auf der nächsten Seite.

Mit dieser Checkliste haben Sie aber nur Ihre derzeitigen Einnahmen und Ausgaben ermittelt. Wenn Sie die Eigentumswohnung gekauft haben, müssen Sie dann natürlich bedenken, dass Ihre derzeitigen Mieten und Mietnebenkosten wegfallen. Andererseits werden sich aber die Bewirtschaftungskosten erhöhen.

Hinzu kommen aber auch noch die Abträge für die Fremdfinanzierung.

Zu Ihrer eigenen Kontrolle der Berechnung können Sie die Berechnungswerte der Banken einmal Ihrer eigenen Berechnung gegenüberstellen. Bei der Bewertung der Kreditfähigkeit gehen die Banken von Minimumkosten für eine Person von rund 1.200,– DM aus. Bei Ehepaaren legen die Banken Kosten in Höhe von 1.600,– DM zugrunde. Kinder werden mit 250,– bis 400,– DM „berechnet“. Diese Beträge erhöhen sich natürlich bei Personen mit höheren Einkommen und entsprechend höherem Lebensstandard. Andererseits erhöht sich aber auch die Kreditfähigkeit bei einem höheren gesicherten Einkommen.

	pro Monat
1. Einkommen	
a) Nettoeinkommen Ehemann	....
b) Nettoeinkommen Ehefrau	....
c) Nettoeinkommen anderer Familienangehöriger (aber nur, wenn damit auch nach dem Wohnungskauf zu rechnen ist)	....
d) Miet- und Pachteinnahmen	....
e) Zinsen	....
Gesamteinnahmen	....
2. Lebenshaltungskosten/Ausgaben	
a) Wohnungs-Kaltmiete	....
b) Miet-Nebenkosten	....
c) Bewirtschaftungskosten	....
Strom	....
Heizung	....
Gesamtausgaben für Wohnen	....
d) Nahrungs- und Genußmittel	....
e) Reinigung	....
f) Körperpflege	....
g) Bekleidung	....
h) Ausbildung	....
i) Auto	....
j) Rundfunk/Zeitung	....
k) Freizeit/Bücher	....
l) Urlaub	....
m) Versicherungen	....
n) Unterhaltszahlungen	....
o) Sonstiges	....
Gesamtausgaben	....
Derzeit zur freien Verfügung:	
Einnahmen	....
Ausgaben	– ....
	= ....

Die Höhe des möglichen monatlichen Abtrages für die Fremdfinanzierung können Sie nun wie folgt errechnen:

Gesamt-Einnahmen	....
Gesamt-Ausgaben (ohne Miete und Mietnebenkosten)	– ....
Bewirtschaftungskosten/Haus (ca. 3,– DM/qm Wohnfläche)	– ....
Verbleiben für den Abtrag	= ....

Aus der nachfolgenden Übersicht (S. 128 f.) können Sie nunmehr ersehen, welchen Darlehensbetrag Sie mit Ihren verfügbaren Mitteln finanzieren können und welches Eigenkapital folglich vor dem „Wohnungskauf" zur Verfügung stehen muss.

In der Spalte ganz links steht – gestaffelt – die monatliche Belastung, die Sie tragen können. In den Spalten rechts daneben können Sie den maximalen Darlehensbetrag ablesen, der unter den jeweiligen Zinskonditionen damit zu finanzieren wäre; eingerechnet ist jeweils eine Tilgungsrate von 1 Prozent.

Diese Tabelle bietet nur eine erste Orientierungshilfe zur groben Näherung. Finanztechnische Feinheiten (Disagio, Zinsfestschreibungen, Bearbeitungsgebühren, Schätzkosten, Bereitstellungszinsen u. Ä.), die leicht den Realzins um ein paar Prozentpunkte hinauftreiben, bleiben hierbei außer Acht.

Die Langfristigkeit fast jeder Immobilienfinanzierung – je nach dem Verhältnis von Zins- und Tilgungsanteil haben die Darlehensverträge meist Laufzeiten zwischen 20 und 30 Jahren – kann außerdem zur Folge haben, das aktuell niedrige Zinsen später auch wieder steigen können. Ein Zinsanstieg von nur 2 Prozent könnte schon eine böse Finanzierungslücke reißen, wenn allzu „optimistisch" kalkuliert wurde; die Restschuld wird, besonders am Anfang einer Finanzierung, in der Regel zu

Monatliche Belastung in DM	6,00%	6,25%	6,50%	6,75%	7,00%	7,25%	7,50%
700,–	120.000	115.000	112.000	108.000	105.000	101.000	98.000
800,–	137.000	132.000	128.000	123.000	120.000	116.000	113.000
900,–	154.000	149.000	144.000	139.000	135.000	131.000	127.000
1.000,–	171.000	165.000	160.000	154.000	150.000	145.000	141.000
1.100,–	188.000	182.000	176.000	170.000	165.000	160.000	155.000
1.200,–	205.000	198.000	192.000	185.000	180.000	174.000	169.000
1.300,–	222.000	215.000	208.000	201.000	195.000	189.000	183.000
1.400,–	240.000	231.000	224.000	216.000	210.000	203.000	197.000
1.500,–	257.000	248.000	240.000	232.000	225.000	218.000	211.000
1.600,–	274.000	264.000	256.000	247.000	240.000	232.000	225.000
1.700,–	291.000	281.000	272.000	263.000	255.000	247.000	240.000
1.800,–	308.000	298.000	288.000	278.000	270.000	261.000	254.000
1.900,–	325.000	314.000	304.000	294.000	285.000	276.000	268.000
2.000,–	342.000	331.000	320.000	309.000	300.000	291.000	282.000

langsam abgetragen, als dass eine Zinserhöhung leicht aufgefangen werden könnte. Plötzlich muss der Darlehensnehmer eine viel höhere monatliche Belastung tragen. Wenn der Bauherr dann feststellt, dass ein besonders „kundenfreundlicher" Berater eines „Finanzdienstleisters" Fördermittel in die Finanzierung eingerechnet hat, aber vergaß zu erwähnen, das Fördermittel auch einmal auslaufen, hilft manchmal nur noch, die Bank davon zu überzeugen, den Tilgungsanteil herabzusetzen, um die Finanzierung zu retten. Dies wiederum verlängert die Laufzeit und verteuert im Endeffekt den Kredit.

7,75%	8,00%	8,25%	8,50%	8,75%	9,00%	9,25%	9,50%	9,75%	10,00%
96.000	93.000	90.000	88.000	86.000	84.000	82.000	80.000	78.000	76.000
109.000	106.000	103.000	101.000	98.000	96.000	93.000	91.000	89.000	87.000
123.000	120.000	116.000	113.000	110.000	108.000	105.000	102.000	100.000	98.000
137.000	133.000	129.000	126.000	123.000	120.000	117.000	114.000	111.000	109.000
150.000	146.000	142.000	139.000	135.000	132.000	128.000	125.000	122.000	120.000
164.000	160.000	155.000	151.000	147.000	144.000	140.000	137.000	133.000	131.000
178.000	173.000	168.000	164.000	160.000	156.000	152.000	148.000	145.000	141.000
192.000	186.000	181.000	176.000	172.000	168.000	163.000	160.000	156.000	152.000
205.000	200.000	194.000	189.000	184.000	180.000	175.000	171.000	167.000	163.000
219.000	213.000	207.000	202.000	197.000	192.000	187.000	182.000	178.000	174.000
233.000	226.000	220.000	214.000	209.000	204.000	199.000	194.000	189.000	185.000
246.000	240.000	233.000	227.000	221.000	216.000	210.000	205.000	200.000	196.000
260.000	253.000	246.000	240.000	233.000	228.000	222.000	217.000	212.000	207.000
274.000	266.000	259.000	252.000	246.000	240.000	234.000	228.000	223.000	218.000

Tipp: Halten Sie möglichst weiten Abstand vor „Finanzdienstleistern", die Ihnen einreden wollen, dass höhere Zinsen eigentlich vorteilhafter für Sie sind, weil Sie die Laufzeit verkürzen, sich steuerlich besser rechnen usw. Solche „Berechnungen" halten schon dem ersten kritischen Blick nicht mehr stand. Solche Berater haben nicht Ihr Wohl, sondern nur die eigene Provisionsabrechnung im Auge.

Eine weitgehendst vernachlässigte Art der Schaffung von Eigenkapital ist das Wertpapiersparen. Um in zehn Jahren ein Kapital in Höhe von 100.000,– DM angespart zu haben, müssen Sie bei einem Zinssatz von 6 Prozent monatlich lediglich 612,34 DM sparen. Bei einem Nominalzins von 7 Prozent beträgt die monatliche Rate gar nur 581,12 DM.

Folgende Übersicht macht das deutlich:

	Modell 1	**Modell 2**
Zinssatz p.a.	7,0 Prozent	6,0 Prozent
Einzahlungsjahre	10	10
Einzahlungen pro Jahr	12	12
Regelmäßiger Sparbeitrag	581,12 DM	612,34 DM
Eingezahltes Sparkapital	69.734,40 DM	73.480,80 DM
Zins und Zinseszins	30.266,97 DM	26.520,48 DM
Gesamtguthaben nach 10 Jahren Laufzeit:	100.001,37 DM	100.001,28 DM

Aber auch mit dem regelmäßigen Kauf von Bundesobligationen oder Bundesschatzbriefen lässt sich eine hohe Rendite erzielen. Die Bundesschuldenverwaltung verwaltet diese Wertpapiere auf Antrag spesenfrei, sodass es keines kostspieligen Depots bedarf. Dabei ist lediglich zu beachten, dass man Bundesschatzbriefe erst nach einem Jahr wieder verkaufen kann, wobei pro Monat maximal 10.000,– DM kündbar sind. Bundesobligationen hingegen sind jederzeit wieder zu verkaufen.

Aber auch ein ganz normaler Ratensparvertrag schafft das nötige Eigenkapital. Mit der Bank/Sparkasse kann man über die Höhe des Zinssatzes verhandeln. Es gibt genügend Möglichkeiten, den ganz normalen Zinssatz für einen Sparvertrag zu erhöhen.

Die Finanzierung über ein Bauspardarlehen

Beim Bausparen scheiden sich die Geister. Statistisch gesehen verfügt fast jeder dritte Haushalt in Deutschland über einen oder mehrere Bausparverträge. Fast 50 Prozent der Bauherren bzw. Erwerber von Eigentumswohnungen setzen Bausparmittel ein. Das Bausparen hat in Deutschland eine lange Tradition. Vielleicht liegt es daran, dass sich deshalb nur wenige Bausparer über die Vor- und Nachteile des Bausparens intensiv Gedanken machen. Selbst als die Stiftung Warentest im Herbst 1994 feststellte, dass die Bausparkassen ihre Kunden miserabel beraten, hat dies offenbar dem Bausparen keinen Abbruch bereitet.

Bausparen ist nicht immer die billigste und schnellste Methode, zu den eigenen vier Wänden zu kommen. Fehler beim Abschluss des Bausparvertrages können richtig Geld kosten. Um entscheiden zu können, ob für Ihren ganz speziellen Finanzierungsbedarf ein Bausparvertrag günstig ist, muss man zunächst einmal wissen, wie das Bausparen eigentlich funktioniert.

Das Prinzip ist bei jeder Bausparkasse gleich. Der Bausparer spart mit einem relativ geringen Habenzins das Eigenkapital an. Damit erwirbt er zugleich einen Anspruch auf ein zinsgünstiges Baudarlehen. Außerdem fördert der Staat das Bausparen mit der Gewährung von Bausparprämien, der Arbeitnehmersparzulage oder der Berücksichtigung als Sonderausgaben bei der Einkommensteuer. Diese staatliche Förderung erfolgt natürlich nur alternativ, sodass der Bausparer im Prinzip immer nur eine der staatlichen Fördermaßnahmen in Anspruch nehmen kann (Näheres zu den einzelnen Fördermaßnahmen finden Sie auf Seite 179 ff.).

Das Bausparen gliedert sich nach dem Abschluss des Bausparvertrages in drei Phasen, nämlich die Ansparphase, die Zuteilungsphase und die Tilgungsphase.

Ansparphase

In der **Ansparphase** erhält der Bausparer für seine Sparbeiträge eine recht niedrige Verzinsung zwischen 2,5 und 3 Prozent. Je nach Tarif muss in der Ansparphase zwischen 40 und 50 Prozent der Bausparsumme angespart werden. Diese Phase dauert in der Regel zwischen 4 und 10 Jahren und ist von der Laufzeit des Vertrages und der Höhe der monatlichen Sparrate abhängig. Die Mindestdauer der Ansparphase ist gesetzlich geregelt und dauert 18 Monate. Selbst wenn durch eine Einmalzahlung das Mindestguthaben erreicht wird, muss dieser Betrag wenigstens 18 Monate auf dem Bausparkonto „ruhen". Bei diesen Konditionen ist es keine Frage, dass ein Sparer bei seiner Sparkasse/Bank oder durch den Kauf von festverzinslichen Wertpapieren sicherlich das Doppelte an Zinsen erhalten kann. Den Wert des Bausparens kann man aber nicht allein an den Zinsen in der Ansparphase beurteilen. Schließlich erhält der Bausparer dafür ja auch ein konkurrenzlos günstiges Baudarlehen.

Zuteilungsphase

Nach der Ansparphase folgt die **Zuteilungsphase**. Mit der Zuteilung erweist sich der wirkliche Wert eines Bausparvertrages. Sie richtet sich nach der Bewertungszahl. Diese Bewertungszahl wird durch ein sehr kompliziertes Bewertungssystem der einzelnen Bausparkassen ermittelt. Mit einer sogenannten Kennziffer bewertet die Bausparkasse zu verschiedenen Stichtagen im Jahr die Sparleistung eines jeden Bausparers. Die Bewertungszahl hängt also im Prinzip von der Länge der Ansparzeit und der Höhe des Sparbeitrags im Verhältnis zur Bausparsumme ab. Die Bewertungszahl allein sagt jedoch noch nichts über den Zeitpunkt der Zuteilung aus. Erst wenn der Bausparer auch die Zielbewertungszahl kennt, kann er abschätzen, wann sein Bausparvertrag voraussichtlich zugeteilt wird. Die Zielbewertungszahl legen die Bausparkassen unter Beachtung der insgesamt angesammelten Sparbeträge fest. Hat der Bausparer die Zielbewertungszahl erreicht, so dauert die eigentliche Zuteilung aber immer noch zwischen 3 und 9 Monate (je nach Bausparkasse). Die Zuteilung ist also eindeutig der kritische Punkt bei einer Finanzierung des Bauvorhabens mit Hilfe eines Bausparvertrages. Es kommt noch hinzu, dass es den Bausparkassen gesetzlich verboten ist, einen Zuteilungstermin zuzusagen. Der Grund für dieses Verbot liegt bei der Berechnung der Zielbewertungszahl. Die kann nämlich niemand genau vorhersagen, weil sie nicht zuletzt von der Zahl der Neuabschlüsse von Bausparverträgen abhängig ist. Dieses gesetzliche Verbot versuchen einige Bausparkassen durch eine Zuteilungsgarantie zu „umgehen“. Wenn der geschätzte bzw. garantierte Zuteilungstermin nicht eingehalten wird, gewähren diese Bausparkassen den Kredit für die Zwischenfinanzierung zu einem Zinssatz des späteren Bauspardarlehens. Es liegt auf der Hand, dass sich diese Bausparkassen die Garantie vom Bausparer durch eine zusätzliche Gebühr bezahlen lassen. Bausparkassen sind Wirtschaftsunternehmen, die nicht davon leben, dass sie Geld verschenken, sondern Geld verdienen.

Tilgungsphase

In der **Tilgungsphase** zahlt der Bausparer das gewährte Darlehen in festen Monatsraten ab. Die monatliche Rate setzt sich aus dem vertraglich vereinbarten Darlehenszins und der Tilgungsrate zusammen. Dabei erfolgt die Tilgung zu einem bestimmten Prozentsatz der Bausparsumme. In der Regel sind das 5,– bis 8,– DM je 1.000,– DM Bausparsumme. Die Folge der relativ hohen Tilgung ist, dass das Bauspardarlehen in spätestens 10–11 Jahren abgezahlt ist.

Abschluss Bei **Abschluss eines Bausparvertrages** sind die oben genannten drei Phasen zu berücksichtigen. Damit wird zunächst einmal deutlich, dass ein Bausparvertrag sich mit Sicherheit nicht als Kapitalanlage eignet. Beim Abschluss des Vertrages wird der Bausparer nämlich mit der so genannten Abschlussgebühr belastet, die aus den ersten Sparraten bestritten wird. Sie beträgt, je nach Bausparkasse, 1,0 bis 1,6 Prozent der Vertragssumme. Das sind bei einem Vertrag über 50.000,– DM immerhin bis zu 800,– DM, die an der ohnehin schon bescheidenen Rendite knabbern. Manche Bausparkassen schreiben am Ende die Abschlussgebühr wieder gut, wenn der Bausparer auf das Darlehen – also den eigentlichen Vorteil, wegen dem sich der Vertrag überhaupt zu schließen lohnt – verzichtet.

Tarif Nächstes Kriterium ist der **Tarif**. Die Zeit der Einheitstarife ist längst vorbei. Heute bieten Bausparkassen weit über 100 Tarifvarianten an. Eine Übersicht über diese unterschiedlichen Tarife ist nur noch mit Computerübersichten zu erreichen.

Erwähnenswerte Tarifvarianten sind auf jeden Fall die Optionstarife. Diese Tarife sind vor allen Dingen für die Bausparer interessant, die noch nicht ganz sicher sind, ob sie tatsächlich einmal bauen oder sich eine Eigentumswohnung kaufen werden. Der Bausparer kann nachträglich einen Zinswechsel vornehmen, wenn er das Bauspardarlehen nicht in Anspruch nimmt und einen höheren Guthabenszins wählen.

ACHTUNG

Diese Tarife sind aber teurer als die Normaltarife. So beträgt die Abschlussgebühr deutlich mehr als 1,0 Prozent (meist 1,6 Prozent) und der Bausparer muss mindestens 50 Prozent (statt der üblichen 40 Prozent) angespart haben.

Anhand eines Bausparvertrages zum „Normaltarif“ wird am deutlichsten, ob diese Art der Finanzierung für Ihren ganz speziellen Fall günstig ist oder nicht. Eine Modellrechnung könnte folgendermaßen aussehen:

Tarifdaten

Bausparsumme	100.000,– DM
Zinssatz für das Bausparguthaben	2,50 Prozent jährlich
Zinssatz für das Bauspardarlehen	4,50 Prozent jährlich
Effektiver Jahreszins ab Zuteilung	5,37 Prozent jährlich

Laufzeiten

Geschätzte Sparzeit bis zur Zuteilung	10 Jahre
Tilgungsdauer des Bauspardarlehens	10 Jahre 8 Monate
Gesamtlaufzeit	20 Jahre 9 Monate

Monatliche Leistungen

Sparbeitrag (bis Zuteilung)	315,– DM
Zins- und Tilgungsbeitrag für Bauspardarlehen	600,– DM

Gebühren

Abschlussgebühr	1.000,– DM
Darlehensgebühr	ungefähr 1.180,– DM

Bei diesem Bausparvertrag (Standardmodell) würde die Zuteilung nach ungefähr 10 Jahren erfolgen. Zu diesem Zeitpunkt wären dann ungefähr 41.000,– DM angespart, sodass das Bauspardarlehen ungefähr 59.000,– DM betragen würde.

Kosten- und Ertragsberechnung

Abschlussgebühr für den Bausparvertrag	1.000,– DM
Darlehensgebühr	rund 1.180,– DM
Zinsen für Darlehen	rund 15.700,– DM
abzüglich Guthabenzins	rund 5.100,– DM
Gesamtkosten	**rund 12.780,– DM**

Bei dieser Modellrechnung sind natürlich eventuelle Kosten für eine Zwischenfinanzierung für den Fall, dass die Zuteilung später als geplant erfolgt, nicht berücksichtigt.

Interessant wird ein Vergleich mit einem simplen Bankspar-Modell, bei dem – wie oben im Falle des Bausparvertrages – von einer Gesamtsparsumme von 100.000,– DM, von einer zehnjährigen Ansparphase mit einem Monatsbetrag von 315,– DM und einer Zins- und Tilgungsrate von 600,– DM pro Monat ausgegangen wird (zur Vereinfachung sind die relativ niedrigen Nebenkosten unberücksichtigt).

Eine monatliche Sparleistung von 315,– DM erbringt nach 10 Jahren folgendes angespartes Kapital:

Rendite (Sparzins)	5 Prozent = 48.832,– DM
Rendite	6 Prozent = 51.443,– DM
Rendite	7 Prozent = 54.205,– DM

Tipp: Andere Werte kann man aus einer Rentenendwertetabelle ablesen. Solche Tabellen findet man in Tabellenjahrbüchern der Banken oder direkt bei der Bank/Sparkasse.

Im Vergleich zum Bausparvertrag sind das bei einer relativ leicht zu erzielenden Rendite von 6 Prozent eine Differenz von rund 13.400,– DM zugunsten des Sparers (51.443,– DM Ansparsumme beim Banksparen minus 41.000,– DM Ansparsumme beim Bausparen).

Noch deutlicher wird der Unterschied, wenn man die Tilgungsverläufe vergleicht, die bei den jeweils noch notwendig werdenden Darlehensbeträgen entstehen. Beim Bausparvertrag (siehe oben) beträgt das Baudarlehen nach der Ansparphase noch rund 59.000,– DM (Bausparsumme minus Ansparsumme). Bei einem monatlichen Abtrag von 600,– DM ist das Baudarlehen in 10 Jahren und 8 Monaten getilgt.

Bei dem vergleichbaren Banksparen mit einer Rendite von 6 Prozent beträgt das aufzunehmende Darlehen nur 48,557,– DM (100.000,– DM Gesamtsumme minus 51.443,– DM Ansparsumme).

Im Gegensatz zum Bausparen, bei dem der Darlehenszins ja von vornherein feststeht, hängt der Zinssatz für das Darlehen beim Banksparen von den jeweiligen Marktzinsen ab. Aus der nachfolgenden Übersicht wird deutlich, ab welchem Markt-Zinssatz (Nominalzins) das Bausparen günstiger wird.

Darlehenssumme:	48.557,– DM
Monatliche Ratenhöhe für Zins und Tilgung:	600,– DM
Nominaler Jahreszinssatz:	**Tilgung nach:**
6,00 Prozent	8 Jahre und 9 Monate
6,25 Prozent	8 Jahre und 10 Monate
6,50 Prozent	9 Jahre
6,75 Prozent	9 Jahre und 1 Monat
7,00 Prozent	9 Jahre und 2 Monate
7,25 Prozent	9 Jahre und 4 Monate
7,50 Prozent	9 Jahre und 5 Monate
7,75 Prozent	9 Jahre und 7 Monate
8,00 Prozent	9 Jahre und 9 Monate
8,25 Prozent	9 Jahre und 11 Monate
8,50 Prozent	10 Jahre und 1 Monat
8,75 Prozent	10 Jahre und 3 Monate
9,00 Prozent	10 Jahre und 5 Monate
9,25 Prozent	10 Jahre und 8 Monate

Also, erst wenn der nominale Jahreszins 9,25 Prozent beträgt, sind Bausparvertrag und Banksparvertrag gleichwertig.

Die Frage, ob sich der Abschluss eines Bausparvertrages lohnt, hängt also grundsätzlich von drei Faktoren ab:

1. von der Rendite, die beim Bank- oder Wertpapiersparen erzielt wird,
2. vom Zinssatz für das spätere Bankdarlehen und
3. von der Länge der Ansparphase bzw. vom Zeitpunkt der Darlehensaufnahme.

Wegen der zahlreichen Tarife der einzelnen Bausparkassen ist ein allgemeingültiger Vergleich fast unmöglich. Grobe Anhaltspunkte bietet die nachfolgende Tabelle.

Rendite/Sparzins	Dauer der Ansparphase	Bausparen ist günstiger, wenn der Jahreszins für das Darlehen
4 Prozent	4 Jahre	höher als 8,00 Prozent ist
4 Prozent	7 Jahre	höher als 7,20 Prozent ist
4 Prozent	10 Jahre	höher als 6,80 Prozent ist
5 Prozent	4 Jahre	höher als 8,90 Prozent ist
5 Prozent	7 Jahre	höher als 8,10 Prozent ist
5 Prozent	10 Jahre	höher als 7,90 Prozent ist
6 Prozent	4 Jahre	höher als 9,90 Prozent ist
6 Prozent	7 Jahre	höher als 9,20 Prozent ist
6 Prozent	10 Jahre	höher als 9,10 Prozent ist

Tipp: Ein zuverlässiger Vergleich ist nur möglich, wenn Sie sich von Ihrer Bausparkasse und zugleich von Ihrer Bank/Sparkasse vergleichbare Finanzierungsmodelle errechnen und ausdrucken lassen. Außerdem dürfen bei einem Vergleich die Gebühren und die staatlichen Fördermittel nicht unberücksichtigt bleiben.

Checkliste für den Abschluss eines Bausparvertrages

1. Grundsätzlich auf schriftliche Auskünfte bestehen.
2. Anspar- und Tilgungsplan unterschreiben lassen.
3. Bausparunterlagen müssen enthalten:
   a) die genaue Bezeichnung der Bausparkasse,
   b) exakte Bezeichnung des empfohlenen Bausparkassentarifs,
   c) genaue Höhe der Bausparsumme,
   d) die Höhe der Raten in der Ansparphase,
   e) die Höhe des Mindestsparguthabens für die Zuteilung,
   f) den voraussichtlichen Zuteilungstermin,
   g) die Höhe der Zinsen und der Tilgung für das Baudarlehen,
   h) die Höhe der Tilgungsrate nach der Zuteilung,
   i) die Dauer der Tilgung des Baudarlehens,
   j) die Höhe der Abschlussgebühr und die Art der Verrechnung,
   k) die Höhe der Darlehensgebühr und wie sie verrechnet wird,
   l) die Höhe der Risikolebensversicherung und die Zahlung und Verrechnung der Versicherungsbeiträge,
   m) die Gesamtkosten und die Gesamterträge.
4. Auf Bausparsumme achten:
   a) zu hohe Bausparsummen kosten auch hohe Abschlussgebühren,
   b) bei hohen Bausparsummen reicht oft die monatliche Sparrate nicht aus, um die tarifliche Mindestsparrate zu erreichen (Folge ist eine zu späte Zuteilung),
   c) kleine Bausparsummen sind günstiger, weil sie später aufgestockt werden können.
5. Ein Bausparvertrag lohnt sich nicht, wenn kurzfristig Baugeld benötigt wird.

Checkliste nach Abschluss des Bausparvertrages

1. Nur das Mindestguthaben ansparen, weil die Guthabenzinsen zu niedrig sind.
2. Bauspardarlehen wegen der niedrigen Zinsen nicht vorzeitig tilgen.
3. Regelmäßig die Bewertungszahl und die Zielbewertungszahl kontrollieren, damit eine Zwischenfinanzierung nicht erforderlich wird.
4. Bei einer notwendigen Zwischenfinanzierung Alternativangebote der Bank/Sparkasse einholen.

Ein Fazit kann man aber auf jeden Fall ziehen. Das Bausparen ist nicht unbedingt die konkurrenzlose Finanzierungsart, wie sie insbesondere von den Bausparkassen und ihren Beratern, die von den Abschlussgebühren leben, und von der einschlägigen Werbung immer dargestellt wird. In vielen Fällen wird aber nach wie vor das Bausparen die sinnvollste und eine günstige Art der Finanzierung sein und bleiben. Zumindest aber kann ein Bausparvertrag ein Baustein in einem Finanzierungskonzept sein oder eine Finanzierung sinnvoll ergänzen.

Die Finanzierung über eine Bank/Sparkasse

Die Finanzierung über eine Bank/Sparkasse erfolgt in aller Regel in Form eines Annuitätendarlehens. Bei dieser Darlehensart wird das Darlehen mit festen Jahresraten zurückgezahlt. Eine jährlich gleichbleibende Leistung nennt man auch Annuität. Die feste Jahresrate setzt sich aus den Zins- und den Tilgungsanteilen zusammen. Sie ist während der gesamten Zinsbindungsfrist gleichbleibend. Im Laufe der Zeit wird jedoch der Zinsanteil geringer und somit der Tilgungsanteil höher.

An einem Beispiel wird das deutlicher:

Darlehenssumme	100.000,– DM
vereinbarter Nominalzins	7,0 Prozent
vereinbarte Tilgung	3,0 Prozent
ergibt eine Jahresrate von	10,0 Prozent

Dieses Darlehen wird also mit einer Jahresrate von 10 Prozent getilgt. 10 Prozent von 100.000,– DM ergibt eine Jahresrate von 10.000,– DM und folglich eine Monatsrate von 833,34 DM (10.000 : 12).

Bei diesem Beispiel sind also nach einem Jahr 3 Prozent = 3.000,– DM der Darlehenssumme getilgt. Das heißt, dass im zweiten Jahr nur noch eine Darlehenssumme (Valuta) von 97.000,– DM besteht. Da die Jahresrate gleichbleibend ist, verringert sich im zweiten Jahr notwendigerweise der Zinsanteil, weil ja nur noch 97.000,– DM zu verzinsen sind. Im Gegenzug erhöht sich wegen der gleichbleibenden Jahresrate der Tilgungsanteil. Im Ergebnis bedeutet dies, dass die Hälfte des

Darlehens bereits nach zirka 11 Jahren getilgt ist. Die vollständige Tilgung wäre nach zirka 17 Jahren erreicht.

Bevor Banken/Sparkassen eine Darlehensvergabe vornehmen, prüfen sie zunächst die Bonität ihres Kunden. Die Bonitätsprüfung erfolgt nach bankinternen Richtlinien. Diese Richtlinien unterscheiden sich nicht wesentlich. Die einzelnen Kreditsachbearbeiter klären danach im Prinzip folgende Punkte:

1. Kann der Darlehensnehmer die Zins- und Tilgungsleistungen während der gesamten Finanzierungszeit aufbringen?
2. Der Nachweis darüber kann geführt werden durch
   a) aktuelle Lohn- bzw. Gehaltsbescheinigungen,
   b) Einkommensteuerbescheide,
   c) Einnahmen-/Überschussberechnung.
3. Steuervorteile (z. B. § 10e EStG) müssen außer Betracht bleiben.
4. Aufwendungsdarlehen und Zuschüsse dürfen dem Nettoeinkommen nur dann zugeschlagen werden, wenn die Mindestlaufzeit für das Darlehen 10 Jahre beträgt.
5. Für die Kontrollrechnung dient als Faustregel, dass nach Abzug des Kapitaldienstes dem Darlehensnehmer monatlich verbleiben müssen
   a) Alleinstehende 1.000,– bis 1.200,– DM
   b) Ehepaare 1.500,– bis 1.600,– DM
   c) je Kind erhöht sich der Betrag um 250,– bis 400,– DM
   Der maximale Kapitaldienst soll 50 Prozent des Nettoeinkommens nicht übersteigen.

Als Nächstes ermitteln die Banken/Sparkassen die Beleihungsgrenze des zu finanzierenden Objektes. Bei einem Darlehensnehmer der „Otto Normalverbraucher“ heißt, sind das maximal 80 Prozent des Beleihungswertes. Dabei wird der Beleihungswert wie folgt errechnet:

Anschaffungskosten	300.000,– DM
abzgl. 10 Prozent Abschlag	30.000,– DM
Beleihungswert	270.000,– DM
davon 80 Prozent	216.000,– DM

Die Bank/Sparkasse finanziert also bei einem Kaufpreis allenfalls 216.000,– DM. In der Praxis bedeutet das aber nicht, dass die Bank auch ein Darlehen in Höhe von 216.000,– DM gewährt.

Jetzt wird die „Schere" erneut angesetzt. Banken/Sparkassen wollen und müssen immer auf der sicheren Seite sein. Deshalb finanzieren sie von diesem Betrag allenfalls 60 Prozent mit einer erstrangigen Sicherung. Die restlichen 40 Prozent müssen dann mit einem höheren Zinssatz zweitrangig gesichert bzw. finanziert werden. Dieser höhere Zinssatz ist durchaus als Risikoprämie für die niedrigere Rangstelle zu verstehen: für den Fall, dass sich bei einer eventuell notwendig werdenden Verwertung der Immobilie diese Forderung nicht mehr einbringen lässt.

Unser Beispiel sieht letztlich wie folgt aus:

Anschaffungskosten	300.000,– DM
abzgl. 10 Prozent Abschlag	30.000,– DM
Beleihungswert	270.000,– DM
davon 80 Prozent	216.000,– DM
erstrangige Finanzierung	129.600,– DM
zweitrangige Finanzierung	86.400,– DM
erforderliches Eigenkapital	84.000,– DM

Für Bankdarlehen müssen natürlich Zinsen gezahlt werden. Man unterscheidet Darlehen mit einer festen Zinsbindung für eine bestimmte Zeit und Darlehen mit variablen Zinsen.

Es liegt auf der Hand, dass der Zinssatz ein wichtiges Kriterium für ein Darlehen ist. Wenn man von einem Zinssatz für ein Darlehen spricht, handelt es sich um den Nominalzins. Das ist der Zinssatz, mit dem das Darlehen verzinst wird. Die Höhe dieses Zinssatzes hängt nicht zuletzt von der Laufzeit bzw. der Zinsbindungsfrist des Darlehens ab. Je länger die Laufzeit, desto höher der Nominalzins. Das ist auch einleuchtend, weil niemand in die „Zinszukunft" sehen kann und die Bank deshalb ein Risiko eingeht, das sie sich auch vom Kunden bezahlen lässt.

In der Praxis sind Zinsbindungsfristen von fünf, zehn und fünfzehn Jahren üblich. In Zeiten niedriger Hypothekenzinsen wird der Darlehensnehmer natürlich an einer langen Zinsbindungsfrist interessiert sein. In einer Hochzinsphase kommt dagegen niemand auf die Idee, ein Darlehen mit langer Zinsbindungsfrist aufzunehmen.

Ob im speziellen Fall eine lange oder eine kurze Zinsbindungsfrist günstig ist, hängt von mehreren Faktoren ab.

1. Ein ganz wichtiger Faktor ist die finanzielle Belastbarkeit des Darlehensnehmers. Wer knapp kalkulieren muss, für den empfiehlt sich eine längerfristige Bindung. Ein kurzfristiges Darlehen kostet zwar weniger. Wenn aber nach Ablauf der kurzfristigen Bindung eine Hochzinsphase herrscht, ist der dann fällige Abtrag oft nicht mehr zu erbringen.
2. Auch die Höhe der Darlehenssumme spielt eine Rolle. Bei kleineren Darlehen ist sogar an einen variablen Zinssatz zu denken.
3. Letztlich spielt die Möglichkeit der Sondertilgung eine nicht zu vernachlässigende Rolle. Normalerweise sind Sondertilgungen erst nach Ablauf der Zinsbindungsfrist möglich. Wenn jedoch vertraglich eine vorzeitige Rückzahlung des Darlehens vereinbart ist, kann ein langfristiges Darlehen durchaus interessant sein. Gibt es während der Laufzeit eine

Niedrigzinsphase, kann man umstellen. Aber Achtung, die Möglichkeit der vorzeitigen Sondertilgung wirkt sich meist auf die Höhe des Zinssatzes aus.

4. Eine optimale Lösung bei hohen Darlehenssummen ist ein so genannter Zinsmix. Dabei wird die Darlehenssumme unterteilt und mit verschieden langen Bindungsfristen gewährt. Das gibt nicht nur eine gewisse Sicherheit bei knapper Finanzdecke, sondern erlaubt auch Sondertilgungen ohne vertragliche Vereinbarungen, weil ja am Ende der Zinsbindungsfrist auf jeden Fall eine Sonderzahlung vorgenommen werden kann. Der Darlehensnehmer muss ja bezüglich des Teils des Darlehens, dessen Zinsbindungsfrist abgelaufen ist, einen neuen Darlehensvertrag mit der Bank/Sparkasse schließen.
5. Darlehen mit einem variablen Zinssatz sind entweder in einer Hochzinsphase oder bei kleineren Darlehenssummen interessant. Fallen die Zinsen, so kommen sie (meist allerdings mit einiger Verzögerung) auch dem Darlehensnehmer zugute. Steigen hingegen die Zinsen, so geben die Banken/Sparkassen die Erhöhung in aller Regel sofort an den Kunden weiter. Der Vorteil eines variablen Zinssatzes liegt jedoch insbesondere darin, dass das Darlehen jederzeit unter Einhaltung der dreimonatigen gesetzlichen Frist gekündigt oder aber zurückgezahlt werden kann.

Der Nominalzins sagt aber nichts darüber aus, was das Darlehen den Darlehensnehmer wirklich kostet. Deshalb kann der Kunde an Hand des Nominalzinses Angebote der Banken/Sparkassen gar nicht vergleichen. Ein annähernder Vergleich ist nur durch den Effektivzins möglich.

Ein Kreditgeber hat nach der Preisangabenverordnung (PAngV) stets den effektiven Jahreszins anzugeben. Bankdarlehen sind Kredite mit veränderlichen Zahlungsbedingungen, so dass man in diesen Fällen vom anfänglichen effektiven Jahreszins spricht. In der Berechnung des effektiven Jahreszinses müssen insbesondere folgende Angaben enthalten sein:

1. Darlehenssumme,
2. Nominalzins,
3. Bearbeitungsgebühren,
4. Vermittlungsprovisionen,
5. ein eventuelles Disagio,
6. die Zins- und Tilgungsverrechnung.

Mit diesen Angaben werden die Angebote verschiedener Banken/Sparkassen schon eher vergleichbar. Natürlich können an Hand des effektiven Jahreszinses nur Darlehen mit gleicher Laufzeit verglichen werden.

Neben den Kosten, die der effektive Jahreszins enthalten muss, fallen aber noch weitere Nebenkosten an, die die Kreditgeber nicht bei der Berechnung des effektiven Jahreszinses berücksichtigen müssen. Aber gerade diese Nebenkosten können ordentlich ins Gewicht fallen. Weitere Nebenkosten sind insbesondere:

1. Schätzkosten,
2. Bereitstellungszinsen,
3. Teilauszahlungszuschläge,
4. Kontoführungsgebühren.

Allein bei den Schätzkosten für das zu beleihende Objekt wird die Brisanz deutlich. Vordergründig macht es keinen Unterschied, ob der Kreditgeber 1 Prozent der Darlehenssumme als Bearbeitungsgebühr oder als Schätzkosten berechnet. Sind die Schätzkosten in den Bearbeitungsgebühren enthalten, so finden sie auch Eingang in den effektiven Jahreszins. Werden Schätzkosten extra berechnet, so enthält der effektive Jahreszins diese Kosten nicht. Bei einer Darlehenssumme von 100.000,– DM sind 1 Prozent immerhin 1.000,– DM.

Tipp: Wenn man also die Angebote verschiedener Banken/Sparkassen vergleichen will, müssen neben dem effektiven Jahreszins auch noch die Nebenkosten berücksichtigt werden.
Vergessen Sie bei Ihrer Betrachtung nicht die Notarkosten, Maklergebühren und die Grunderwerbsteuer.

Ein ehrliches Darlehensangebot einer Bank/Sparkasse sieht ungefähr wie folgt aus:

Genaue Bezeichnung der Bank/Sparkasse
Berater: Vorname, Nachname
Tel.Nr.: ....

Verbindliches Angebot über ein Annuitätendarlehen:

Darlehensbetrag	100.000,– DM
Auszahlungsbetrag (100 Prozent)	100.000,– DM
Nettokreditbetrag	100.000,– DM
Monatliche Ratenhöhe	625,– DM
Tilgungssatz p.a.	1 Prozent
Nominalzins	6,5 Prozent
Anf. effektiver Jahreszins	6,72 Prozent
Zusätzliche Gebühren	384,– DM
Zinsbindungsfrist	10 Jahre
Restschuld nach Ablauf der Zinsbindungsfrist	86.140,– DM
Sondertilgungen sind möglich	ja / nein
Vorfälligkeitszinsen fällig	ja / nein

Tipp: Bestehen Sie auf einen Zins- und Tilgungsplan, den die Bank bzw. die Sparkasse per Computer in Minutenschnelle erstellen kann.

Kleine Fehler oder Unachtsamkeiten bei Abschluss eines Darlehensvertrages können richtig teuer werden. Bevor Sie einen Darlehensvertrag unterschreiben, sollten Sie noch einmal die folgende Checkliste durchgehen.

Checkliste für einen Darlehensvertrag

1. Ermitteln Sie ganz sorgfältig Ihren Darlehensbedarf.
2. Welchen monatlichen Abtrag können Sie sich leisten (siehe Seite 128 f.)?
3. Machen Sie dem Kreditgeber klare Vorgaben bezüglich des Darlehensbedarfs, der möglichen monatlichen Raten und der Zinsbindungsfrist.
4. Lassen Sie sich den anfänglichen effektiven Jahreszins und die Restschuld nach Ablauf der Zinsbindungsfrist schriftlich mitteilen.
5. Bestehen Sie auf der schriftlichen Benennung der weiteren Nebenkosten (also Nebenkosten zusätzlich zum effektiven Jahreszins).
6. Vergessen Sie bei Ihrer Berechnung nicht die weiteren Kosten (Notar, Makler, Grunderwerbsteuer).
7. Vergleichen Sie nicht nur den effektiven Jahreszins und die weiteren Nebenkosten, sondern auch die Restschuld nach Ablauf der Zinsbindungsfrist.
8. Lassen Sie sich als Eigentümer einer Immobilie auf kein Disagio ein, weil dies keine steuerlichen Vorteile mehr bringt.
9. Achten Sie darauf, dass das Darlehen auch zu dem Zeitpunkt ausgezahlt wird, an dem der Kaufpreis fällig wird.

10. Verhandeln Sie hart. Die Bank/Sparkasse ist kein Wohltäter, sondern verdient mit der Gewährung des Darlehens Geld.
11. Unterschreiben Sie den Darlehensvertrag nicht sofort. Nehmen Sie die Unterlagen mit nach Hause und prüfen Sie in aller Ruhe. Auf den Seiten 156 ff. finden Sie Muster von allen Verträgen und Erklärungen, die Sie bei der Bank/Sparkasse unterschreiben müssen. Lesen Sie auch in Ruhe die entsprechenden Erläuterungen.

Tipp: Wenn der Kreditsachbearbeiter Ihnen die Unterlagen zur Prüfung nicht aushändigen will und auf einer sofortigen Unterschrift besteht, nehmen Sie Abstand, Ihren Hauskauf mit dieser Bank/Sparkasse zu finanzieren. Die Verträge haben mit Sicherheit einen Haken, den Sie nicht erkennen sollen.

Die Finanzierung über eine Kapitallebensversicherung

Damit sich diese Art der Finanzierung rechnet, müssen Sie möglichst jung und so vermögend sein, dass Sie Kapitalertragssteuer zahlen müssen. Ferner ist es ratsam, dass Sie die Immobilie, die Sie kaufen wollen, als Kapitalanlage benutzen. Für die Bezahlung der eigenen vier Wände nämlich ist diese Art der Finanzierung gänzlich ungeeignet.

Das Prinzip einer Versicherungsfinanzierung ist einfach. Der Kunde schließt eine oder mehrere Kapitallebensversicherungen ab. Die Laufzeit dieser Versicherungsverträge beträgt meist 20 bis 30 Jahre. Zum Zeitpunkt des Kaufs der Wohnung gibt der Versicherer ein Hypothekendarlehen, mit dem der Kunde den Kaufpreis begleichen kann. Das Darlehen ist tilgungsfrei, so dass der Kunde „lediglich" die Zinsen für das Darlehen zu zahlen hat. Man spricht bei dieser Darlehensform auch von einer Festhypothek. Die Tilgung des Darlehens erfolgt aus der Ablaufleistung des Lebensversicherers, wobei diese aus der Versicherungssumme und den Beteiligungen der erwirtschafteten Überschüsse besteht.

Hier zeigt sich schon das erste Risiko, das dieser Finanzierungsart anhaftet. Die Versicherungssumme macht in der Regel nur ungefähr die Hälfte der Ablaufleistung aus. Die andere Hälfte kann nur prognostiziert werden. Versicherungsgesellschaften stellen solche Prognosen aufgrund der Leistungen, die sie in der Vergangenheit unter vergleichbaren Bedingungen erreicht haben. Wirtschaftet die Versicherungsgesellschaft schlecht, sind die Gewinnanteile niedriger als prognostiziert und reichen zur Tilgung der gesamten Darlehenssumme nicht mehr aus. In diesen Fällen wird meist eine teure Anschlussfinanzierung nötig. Welcher Versicherungsvertreter erklärt seinen Kunden schon, dass die Überschussanteile nur vage Schätzungen sind.

Einige Versicherungsgesellschaften kalkulieren ihr Angebot so, dass der Darlehensbetrag am Ende der Laufzeit aus der geschätzten Ablaufleistung getilgt wird. Bei diesem Modell ist eine Anschlussfinanzierung fast schon vorprogrammiert.

Andere Versicherer kalkulieren eine so hohe Ablaufleistung, dass der Versicherte noch einen gehörigen Betrag neben der Darlehenstilgung ausgezahlt bekommt. Nachteil ist, dass die Beiträge entsprechend hoch sind, damit das Modell funktioniert.

Ein alternatives Angebot ist die stufenweise Tilgung der Darlehenssumme über Teilauszahlungen. Versicherungsverträge, die Teilauszahlungen vorsehen, gehören erfahrungsgemäß nicht zu den rentabelsten. Die grundsätzlichen Nachteile bleiben außerdem auch bei diesem Modell bestehen. Lediglich die Gefahr einer relativ hohen Nachtragsfinanzierung wird etwas geringer.

Die Nachteile einer Versicherungsfinanzierung kann man wie folgt zusammenfassen:

1. Weil das angesparte Kapital nicht als Eigenkapital zur Verfügung steht, muss die Darlehenssumme höher sein als z. B. bei einer Bankfinanzierung oder einer Finanzierung über einen Bausparvertrag.
2. Die Rendite der Kapitallebensversicherung ist in aller Regel niedriger als der Zinssatz für das Darlehen, den ja der Versicherte neben dem Beitrag zur Lebensversicherung zahlen muss.
3. Die Höhe der Ablaufleistung setzt sich aus der Versicherungssumme und den Überschussbeteiligungen zusammen. Die Höhe der Überschussbeteiligungen kann jedoch nur

geschätzt werden und hängt von der Geschäftstüchtigkeit der Versicherungsgesellschaft ab.

4. Die Beleihungsgrenze ist in der Regel niedriger als bei Bankdarlehen.
5. Der Versicherungsschutz für die Familie kann weitaus billiger durch eine Risikolebensversicherung erreicht werden.

Es ist natürlich keine Frage, dass für bestimmte Kunden (z. B. für Beamte und Selbstständige) eine solche Finanzierung vorteilhaft sein kann. Insbesondere ist dies dann der Fall, wenn die Versicherungsbeiträge steuerlich abgesetzt werden können. Außerdem unterliegen die Überschussanteile zum Zeitpunkt ihrer Entstehung noch nicht der Kapitalsteuer. Die gleichbleibende Zinszahlung kann eventuell sogar als Aufwendung steuerlich abgesetzt werden.

ACHTUNG

Viele Versicherungsvertreter argumentieren damit, dass die Beiträge zur Lebensversicherung als Versorgungsaufwendungen steuerlich absetzbar sind. Das ist nur theoretisch richtig. Meist ist nämlich der absetzbare Höchstbetrag schon durch die anderen Sozialabgaben erreicht. Außerdem ändert sich manches mit der irgendwann einmal kommenden großen Steuerreform!

Zusammenfassend kann man sagen, dass eine Versicherungsfinanzierung in aller Regel die ungeeignetste Art der Finanzierung der eigenen vier Wände ist. Für „Otto Normalverbraucher" ist es mit Sicherheit die teuerste Finanzierungsart. Beamte und Selbstständige sollten ganz genau rechnen und vorher ihren

Steuerberater fragen, ob sich diese Art der Finanzierung auch tatsächlich rechnet.

Selbst wenn sie sich rechnen sollte, darf das zweite Risiko, das dieser Finanzierung anhaftet, nicht außer Acht gelassen werden: das Risiko steigender Zinsen. Da bei einem endfälligen Darlehen dieser Art nicht regelmäßig getilgt wird, verringert sich auch die Darlehenssumme während der Laufzeit nicht. Eventuelle Zinserhöhungen schlagen also völlig ungebremst auf die monatliche Rate durch.

Immerhin verbessert sich die Betrachtung, wenn man einen Lebensversicherungsvertrag zur Finanzierung heranzieht, der schon eine gewisse Laufzeit „auf dem Buckel“ hat. Denn die Darlehenslaufzeit entspricht der Restlaufzeit des Versicherungsvertrages. Ob man bei einen frisch abgeschlossenen Vertrag 25 Jahre lang Zinsen zahlt oder bei einen alten Vertrag nur noch 10 Jahre, macht bei einer Darlehenssumme von 100.000,– DM einen Unterschied von 105.000,– DM.

Im Übrigen reichen nicht nur Versicherungen, sondern auch Banken/Sparkassen endfällige Darlehen gegen Abtretung der Lebensversicherung aus. Der geringfügige Zinsvorteil, den Versicherungsgesellschaften gegenüber Banken/Sparkassen versprechen, wird meist schon dadurch kompensiert, dass eine Reihe von Finanzierungsnebenkosten kein zweites Mal anfällt, wenn man sich zur Finanzierung aus einer Hand bei einer Bank oder Sparkasse entschließt.

Der Darlehensvertrag

Egal, für welche Art der Finanzierung Sie sich entscheiden. Ohne ein Bankdarlehen wird es in aller Regel nicht gehen. Selbst wenn Anschluss- oder Zwischenfinanzierungen erforderlich werden, muss ein Darlehensvertrag mit der Bank/Sparkasse geschlossen werden.

Obwohl der Ruf der Banken und Sparkassen bei der Gewährung von Krediten nicht immer der allerbeste ist, kann man grundsätzlich davon ausgehen, dass alles mit rechten Dingen zugeht. Natürlich verschenken Banken und Sparkassen kein Geld. Sie sind auch nicht das Sozialamt. Eine gesunde Skepsis und eine genaue Prüfung ist deshalb unumgänglich, um nicht ohne Not mehr für das Darlehen zu zahlen, als unbedingt notwendig ist.

Banken und Sparkassen benutzen für ihre Darlehensverträge in der Regel Formulare. Heute werden die Verträge auch oft schon per Computer erstellt. Auch dabei handelt es sich im Grunde nur um Formulare, die den individuellen Gegebenheiten des jeweiligen Kunden nur leichter angepasst werden können als Vordrucke. Als so genannter Formularvertrag legt er, trotz grundsätzlich geltender Vertragsfreiheit zwischen den Parteien, Vertragsinhalte und Verhandlungsspielräume relativ klar fest. Unabhängig von der Bank/Sparkasse muss ein Darlehensvertrag nach § 4 des Verbraucherkreditgesetzes (VerbrKrG) folgende Voraussetzungen erfüllen bzw. folgende Angaben enthalten:

1. zunächst muss ein Darlehensvertrag (Kreditvertrag) schriftlich abgeschlossen werden;
2. es muss der Nettokreditbetrag (notfalls die Höchstgrenze des Kredites) angegeben sein;

3. weiterhin muss der Gesamtbetrag alle vom Kreditnehmer zur Tilgung des Kredites sowie zur Zahlung der Zinsen und sonstige Kosten enthalten;
4. die Art und Weise der Rückzahlung des Kredites;
5. die Höhe der Zinsen und aller sonstigen Kosten, einschließlich eventueller Vermittlungskosten;
6. den effektiven Jahreszins bzw. den anfänglichen effektiven Jahreszins;
7. die Kosten für eine Restschuldversicherung oder anderer Versicherungen, die im Zusammenhang mit dem Darlehen vom Darlehensnehmer abzuschließen sind;
8. letztlich die zu bestellenden Sicherheiten.

Wenn ein Darlehensvertrag eine der unter 1–7 genannten Voraussetzungen nicht erfüllt, ist er nichtig (§ 6 VerbrKrG). Es lohnt sich also, alles genau zu prüfen und sehr sorgsam beim Abschluss eines Kreditvertrages zu sein. Immerhin geht es ja auch um eine Menge Geld, das der Kreditnehmer ja nicht hat.

Formular eines Darlehensvertrages der Volks- und Raiffeisenbanken

Darlehensvertrag
gemäß Verbraucherkreditgesetz

Zur bankinternen Bearbeitung
Nr.

Darlehensnehmer (Name, Anschrift, Geburtsdatum)	Bank

Darlehensnehmer und Bank schließen folgenden Vertrag:

1 Höhe des Darlehens: Die Bank stellt dem Darlehensnehmer ein Darlehen zur Verfügung in Höhe von DM ___

2 Verwendungszweck:

3 Konditionen:

3.1 Verzinsung: Das Darlehen ist ab dem Tag der Auszahlung mit ___ % jährlich zu verzinsen.

Dieser Zinssatz ist [ ] variabel [ ] festgeschrieben bis zum ___.

Die Bank kann bei einer Erhöhung des allgemeinen Zinsniveaus den Zinssatz in angemessener Weise anheben; bei sinkendem Zinsniveau wird sie den Zinssatz in angemessener Weise herabsetzen. Bei einer Zinsfestschreibung können Änderungen frühestens mit deren Ablauf erfolgen. Sofern keine neue Zinsvereinbarung getroffen wird, kann die Bank den Zinssatz dem dann aktuellen Zinsniveau anpassen. Das Entgelt für Leistungen, die vom Darlehensnehmer typischerweise dauerhaft in Anspruch genommen werden (z. B. Verwaltungskostenbeitrag) kann die Bank nach billigem Ermessen (§ 315 BGB) ändern. Bei einer Erhöhung von Zinsen bzw. Entgelten kann der Darlehensnehmer den davon betroffenen Darlehensvertrag innerhalb eines Monats nach Bekanntgabe der Änderung mit sofortiger Wirkung kündigen. Kündigt der Darlehensnehmer, so werden die erhöhten Zinsen bzw. das erhöhte Entgelt nicht zugrunde gelegt. Die Bank wird zur Abwicklung eine angemessene Frist einräumen. Bei Zinsanpassungen bzw. Entgeltänderungen können die Leistungsraten entsprechend geändert werden. Die neuen Leistungsraten wird die Bank dem Darlehensnehmer mitteilen.

[ ] Die Zinsen werden aus dem jeweiligen Darlehenssaldo berechnet.

[ ] Die Zinsen werden berechnet aus dem Darlehenssaldo jeweils zum ___; bis zum ersten auf die vollständige Auszahlung folgenden Stichtag werden die Zinsen aus dem jeweiligen Darlehenssaldo berechnet.

Die Zinsen sind fällig am ______ eines jeden

☐ Monats ☐ Kalendervierteljahres ☐ Kalenderhalbjahres ☐ Kalenderjahres

3.2 Auszahlung: Das Darlehen wird zu einem Auszahlungskurs von ______ % ausgezahlt.

Das Disagio beträgt ./. DM ______

Es ist fällig: ☐ in voller Höhe bei Auszahlung des Darlehens oder eines ersten Teilbetrags ☐ anteilig bei jeder Teilauszahlung ☐ unabhängig vom Tag der Auszahlung am ______

3.3 Bearbeitungsentgelt: Das einmalige, sofort fällige, nicht laufzeitabhängige Bearbeitungsentgelt beträgt ______ % vom Darlehensbetrag. ./. DM ______

3.4 Kosten, Nebenleistungen, Nettokreditbetrag:
Außer dem Disagio und dem Bearbeitungsentgelt werden einbehalten:

☐	Beitrag für Restkreditversicherung	./. DM	
☐	Wertermittlungskosten	./. DM	
☐		./. DM	
☐		./. DM	

Nettokreditbetrag: Der Nettokreditbetrag wird dem Girokonto Nr. ______ ganz oder in Teilbeträgen gutgeschrieben. DM ______

Sonstige Kosten: z. B. Lebensversicherungsbeiträge, Abschlußprovision u. Ansparraten für Bausparvertrag

☐ Bereitstellungsprovision von ______ % pro ______ auf den ab ______ nicht zur Auszahlung kommenden Betrag bis zur vollen Auszahlung, jeweils fällig mit den Zinsen.

☐ Einmalige Abstandsprovision von ______ % auf den endgültig nicht zur Auszahlung kommenden Darlehensteilbetrag. Den Vertragsparteien bleibt der Nachweis vorbehalten, ein Schaden sei wesentlich niedriger oder höher oder überhaupt nicht entstanden.

☐	Jährlicher Verwaltungskostenbeitrag	DM	
☐		DM	
☐		DM	
☐		DM	

Weitere sonstige Kosten: z. B. Sachversicherungsprämie, sofern Versicherung Bedingung für das Darlehen

☐	Barauslagen	DM	
☐		DM	
☐		DM	

☐ Notar- und Grundbuchkosten gemäß gesetzlichen Bestimmungen

Rückseite des Formulars des Darlehensvertrages

4 Darlehensrückzahlung: Das Darlehen ist wie folgt zurückzuzahlen:

4.1 ☐ in voller Höhe am ______

4.2 ☐ in Raten von DM ______ jeweils fällig am ______, erstmals am ______.

Daneben sind in den Fällen 4.1 und 4.2 die Zinsen zu den in 3.1 vereinbarten Fälligkeitsterminen zu zahlen.

4.3 ☐ in Höhe von ______ % jährlich vom ursprünglichen Darlehensbetrag zuzüglich der durch Tilgung ersparten Zinsen.
Demnach beträgt die Leistungsrate aus Zins und Tilgung z. Zt. DM ______
jeweils fällig am ______, erstmals am ______

4.4 ☐ in Raten für Zins und Tilgung von DM ______ jeweils fällig am ______,
erstmals am ______ mit vorrangiger Verrechnung auf die Zinsen.

Bei Zinssatzänderungen können die Leistungsraten in den Fällen von 4.3 und 4.4 entsprechend geändert werden. Die neuen Leistungsraten wird die Bank dem Darlehensnehmer mitteilen.

Soweit nichts anderes vereinbart wurde, werden fällige Beträge (z. B. Zinsen oder Leistungsraten) dem Belastungskonto
Nr. ______ belastet.

5 Effektiver bzw. anfänglicher effektiver Jahreszins: ______ %. Der unter 3.1 ausgewiesene Zinssatz kann unter den dort genannten Voraussetzungen geändert werden. Hierbei wurde verrechnet:

______ auf einen Zeitraum von ______;
______ auf einen Zeitraum von ______.

Bei der Berechnung des effektiven bzw. anfänglichen effektiven Jahreszinses wurde eine Auszahlung
☐ zu Beginn der auf den Abschluß des Darlehensvertrags folgenden Abrechnungsperiode; ☐ zum ______
angenommen. Ist ein Disagio vereinbart worden, erhöht sich der Effektivzins, soweit das Darlehen zu einem späteren Zeitpunkt ausgezahlt wird.

6 Gesamtbetrag (alle vom Darlehensnehmer zu leistenden Teilzahlungen einschließlich Tilgung, Zinsen und Kosten – soweit bezifferbar –)[1]**: DM** ______

Der Gesamtbetrag wurde aufgrund der bei Abschluß des Vertrags maßgeblichen Konditionen errechnet. **Die Höhe des Gesamtbetrags ändert sich bei einer Änderung der Konditionen.** Bei der Berechnung wurde ein Auszahlungszeitpunkt
☐ zu Beginn der auf den Abschluß des Darlehensvertrags folgenden Abrechnungsperiode; ☐ zum ______
angenommen.

7 Sicherheiten: Alle der Bank zustehenden Sicherheiten sichern alle bestehenden, künftigen und bedingten Ansprüche der Bank aus der Geschäftsverbindung mit dem Darlehensnehmer, soweit nicht im Einzelfall außerhalb dieses Vertrags etwas anderes vereinbart ist; dies gilt auch für bereits bestellte, hier nicht aufgeführte und aufgrund der Allgemeinen Geschäftsbedingungen haftende Sicherheiten. Zusätzlich stellt der Darlehensnehmer der Bank mit gesonderten Vereinbarungen noch folgende Sicherheiten:

Das Darlehen kann erst in Anspruch genommen werden, wenn sämtliche Bedingungen erfüllt sind, die vorgesehenen Sicherheiten bestellt wurden und die Bank deren Ordnungsmäßigkeit geprüft hat.

8 Weitere Darlehensbedingungen:

Die beigehefteten **Allgemeinen Darlehensbedingungen** sind Bestandteil dieses Vertrags.

Ort, Datum	Ort, Datum
Darlehensnehmer	Bank

Information über das Recht zum Widerruf [1]

Als Darlehensnehmer steht mir/uns das gesetzliche Recht zum Widerruf zu. Danach ist die auf den Abschluß dieses Darlehensvertrags gerichtete Willenserklärung erst wirksam, wenn sie nicht binnen **einer Frist von einer Woche schriftlich widerrufen wird.** Zur Wahrung der Frist genügt die rechtzeitige Absendung des Widerrufs. Der Lauf der Frist beginnt mit Aushändigung der Durchschrift dieser Information über das Recht zum Widerruf. Hat der Darlehensnehmer das Darlehen empfangen, gilt der Widerruf als nicht erfolgt, wenn er das Darlehen nicht binnen zweier Wochen entweder nach Erklärung des Widerrufs oder nach Auszahlung des Darlehens zurückzahlt.

Der schriftliche Widerruf ist zu richten an:

Bank, vollständige Postanschrift

Ort, Datum	Darlehensnehmer

[1] Diese Information ist nicht erforderlich, sofern es sich um ein grundpfandrechtlich gesichertes Darlehen im Sinne von § 3 Abs. 2 Nr. 2 Verbraucherkreditgesetz handelt.

Die Sicherung für den Kreditgeber

Eine Bank/Sparkasse oder eine Bausparkasse macht grundsätzlich die Vergabe eines größeren Kredites von Sicherheiten abhängig. Dafür gibt es zwar keine gesetzliche Verpflichtung für die Kreditinstitute, wie die Sachbearbeiter dies gelegentlich behaupten; indes verpflichtet das Kreditwesengesetz die Banken/Sparkassen zu einer ordnungsgemäßen Geschäftsführung. Zu einer solchen ordnungsgemäßen Geschäftsführung gehört es dann allerdings, dass sich die Kreditgeber im Interesse aller Kunden gegen Kreditausfälle einzelner Kunden angemessen absichern.

Im Übrigen ist die Absicherung ja auch nichts Unanständiges. Auf der anderen Seite ist der Kreditnehmer ja auch der Kunde, der sein Vermögen der Bank/Sparkasse anvertraut und sicher sein will.

Nach Abschluss des Darlehensvertrages hat die Bank/Sparkasse in erster Linie einen Anspruch auf Rückzahlung des von ihr gewährten Darlehens. Der Wohnungskäufer, also der Schuldner, haftet grundsätzlich für die Rückzahlung des Darlehens mit seinem gesamten Vermögen. Das ist aber nicht gerade eine Sicherheit für den Darlehensgeber. Eine wirkliche Sicherheit bietet daher nur das zu erwerbende Grundstück selbst. Erst wenn die Bank/Sparkasse im Ernstfall sich nicht aus dem Grundstück befriedigen kann, wird sie versuchen, sich aus dem übrigen Vermögen des Darlehensnehmers – in diesem Falle des Wohnungskäufers – zu befriedigen.

Bei der Vergabe von Krediten für den Wohnungskauf sichern sich die Banken/Sparkassen in aller Regel durch Grundschulden, Hypotheken und Bürgschaften ab. Die heute häufigste Sicherung besteht in der Bestellung einer Sicherungsgrundschuld.

Die Sicherung durch eine Grundschuld

Näheres zur Grundschuld wurde bereits auf der Seite 109 ausgeführt. In der Bankpraxis wird es sich fast ausschließlich um die Bestellung einer Sicherungsgrundschuld handeln. Im Prinzip ist dies ein unproblematisches Kreditsicherungsmittel. Für den Kreditnehmer, also den Kunden, ist im Hinblick auf die Sicherungsgrundschuld wichtig zu wissen, dass es eigentlich zwei Verträge zwischen Bank/Sparkasse und dem Kunden gibt.

Einmal schließen die Bank/Sparkasse und der Kreditnehmer, also der Sicherungsgeber, einen Sicherungsvertrag. Man spricht auch von der Sicherungszweckerklärung. In diesem Vertrag wird geregelt, welche Sicherheiten zu welchem definierten Zweck bestellt werden.

Zum anderen handelt es sich um den so genannten „Bestellungsakt“. Dabei vereinbaren die Bank/Sparkasse und der Kunde, dass zugunsten des Sicherungsnehmers, also der Bank/Sparkasse, eine Grundschuld eingetragen wird.

Außerdem hat die Bank/Sparkasse ein besonderes Interesse daran, im „Ernstfall“ so schnell wie möglich die Sicherheit zu verwerten. Zur Verwertung des Grundstücks durch eine Zwangsversteigerung ist in jedem Fall ein vollstreckbarer Titel erforderlich. Deshalb drängen Banken/Sparkassen in der Regel darauf, dass sich der Kreditnehmer in einer notariellen Urkunde der sofortigen Zwangsvollstreckung in das zu erwerbende Grundstück und in sein gesamtes sonstiges Vermögen unterwirft. Aus Sicht der Bank/Sparkasse ist das kaufmännisch vernünftig. Um die Zwangsversteigerung des Grundstücks zu betreiben, bedarf es nämlich nur noch der Vollstreckungsklausel durch den Notar. Für den Wohnungskäufer (Kreditnehmer) ist es dagegen eine zusätzliche Gefahr im finanziellen Krisenfall, weil die Eigentumswohnung schnell „unter den Hammer“

Muster einer Grundschuldbestellung mit Zwangsvollstreckungsunterwerfung

Grundschuld[1]	Bestellung einer Brief- oder Buchgrundschuld mit Übernahme der persönlichen Haftung sowie dinglicher und persönlicher Zwangsvollstreckungsunterwerfung	Zur bankinternen Bearbeitung Nr.

Urkundenrolle Nr. **Jahr 19**

Verhandelt zu

am

Vor mir,

erschien(en):

Eigentümer

weiter erschienen:

[1] Für die Zweckerklärung einschließlich der Abtretung der Rückgewähransprüche ist Vordruck 220 030 oder 220 060 bzw. 220 040 oder 220 070 zu verwenden.

220 410 DG VERLAG FA 10.97

Der/Die Erschienene(n) erklärte(n) vorab:

Soweit in dieser Urkunde von Grundeigentum oder Eigentümer die Rede ist, so ist hierunter bei Wohnungs- oder Teileigentum das belastete Wohnungs- oder Teileigentum bzw. der Wohnungs- oder Teileigentümer und bei (Wohnungs-/Teil-) Erbbaurechten[1] das belastete (Wohnungs-/Teil-) Erbbaurecht bzw. der (Wohnungs-/Teil-) Erbbauberechtigte zu verstehen.

Der/Die Erschienene(n) erklärte(n) sodann:

1 Grundschuldbestellung

1.1 Der Eigentümer des/der im Grundbuch von

eingetragenen Grundstücks/Grundstücke

Band Blatt/Nr. Bestandsverzeichnis lfd. Nr.

Grundeigentum

bestellt auf dem genannten Grundeigentum eine Grundschuld in Höhe von

Betrag/Währungseinheit

in Worten (Betrag/Währungseinheit):

zugunsten

Gläubigerin

nebst Prozent Jahreszinsen vom heutigen Tag an sowie einer einmaligen Nebenleistung von 5 % des Grundschuldbetrags. Die Zinsen sind am ersten Werktag eines jeden Jahres für das vorangegangene Kalenderjahr zahlbar, spätestens jedoch im Verteilungstermin.
Grundschuld und Nebenleistung sind fällig.

1.2 Ein Grundschuldbrief soll [2] gebildet werden. Auf Vorlage des Grundschuldbriefs und der sonstigen in § 1160 BGB genannten Urkunden im Fall der Mahnung oder Geltendmachung der Grundschuld wird auch namens des Rechtsnachfolgers verzichtet. Die Gläubigerin ist gemäß § 1117 Abs. 2 BGB berechtigt, sich den Grundschuldbrief vom Grundbuchamt aushändigen zu lassen.

1.3 Ist die Grundschuld zunächst nicht bei dem gesamten in Abschnitt 1.1 aufgeführten Grundeigentum eingetragen, so soll sie bereits mit der Eintragung an einem Teil des Grundeigentums als Einzelgrundschuld entstehen; ist sie bei mehreren, jedoch nicht bei allen Teilen des Grundeigentums eingetragen, so entsteht sie als Gesamtgrundschuld insoweit, als sie eingetragen ist.

2 Dingliche Zwangsvollstreckungsunterwerfung

Der Eigentümer und der/die Erschienene(n) zu als künftiger/künftige Eigentümer unterwirft/ unterwerfen sich wegen aller Ansprüche an Kapital, Zinsen und Nebenleistung, welche der Gläubigerin aus der Grundschuld zustehen, der sofortigen Zwangsvollstreckung in das mit der Grundschuld belastete Eigentum, und zwar in der Weise, daß die Zwangsvollstreckung aus dieser Urkunde gegen den jeweiligen Eigentümer des Grundeigentums zulässig sein soll.

1 Vordruck 220 170 verwenden, falls nach dem Erbbauvertrag zur Belastung oder Veräußerung des Erbbaurechts die Zustimmung des Grundstückseigentümers erforderlich ist.
2 Soll ein Grundschuldbrief nicht gebildet werden (Buchgrundschuld), so ist hier das Wort „nicht" einzutragen; die folgenden beiden Sätze sind dann zu streichen.

3 Bewilligungen und Anträge

3.1 Der Eigentümer bewilligt und beantragt im Grundbuch die Eintragung

a) der unter 1 bestellten Grundschuld nebst Zinsen und Nebenleistung,

Raum für eine etwaige vom Gesetz (§ 45 GBO) abweichende Bestimmung des Rangverhältnisses

Sollten etwa ausbedungene Rangstellen zunächst nicht verschafft werden können, so beantragt der Eigentümer, das vorgenannte Grundpfandrecht an nächstoffener Rangstelle einzutragen,

b) seiner Unterwerfung unter die sofortige Zwangsvollstreckung gemäß 2.

Die vorgenannten Anträge sowie etwaige weitere in dieser Urkunde gestellten Anträge auf Eintragung oder Löschung sind nicht als einheitliche Anträge zu behandeln.

3.2 Der Eigentümer beantragt beim Grundbuchamt, der Gläubigerin

a) den Grundschuldbrief auszuhändigen, sofern dessen Erteilung nicht ausgeschlossen ist,

b) nach Vollzug der Eintragungsanträge eine unbeglaubigte Grundbuchabschrift zu erteilen,

c) von etwaigen Zwischenverfügungen eine Abschrift zu erteilen.

3.3 Der Eigentümer beantragt beim Notar,

a) der Gläubigerin sofort eine Ausfertigung dieser Urkunde zu erteilen,

b) der Gläubigerin eine vollstreckbare Ausfertigung dieser Urkunde zu erteilen,

c) dem Grundbuchamt eine Ausfertigung dieser Urkunde einzureichen,

d) dem Eigentümer eine einfache Abschrift dieser Urkunde zu erteilen.

4 Persönliche Haftung mit Zwangsvollstreckungsunterwerfung

Der/Die Erschienene(n) zu

nämlich[1]

Namen einsetzen

übernimmt/übernehmen hiermit – als Gesamtschuldner – die **persönliche Haftung** für die Zahlung eines Geldbetrags, dessen Höhe der vereinbarten Grundschuld (Kapital, Zinsen, Nebenleistungen) entspricht und unterwirft/unterwerfen sich gleichzeitig deswegen der **sofortigen Zwangsvollstreckung** aus dieser Urkunde in sein/ihr **gesamtes Vermögen.** Dies gilt auch schon vor der Eintragung der Grundschuld im Grundbuch und vor der Vollstreckung in das belastete Grundeigentum sowie für den Fall des Erlöschens der Grundschuld im Zwangsversteigerungsverfahren hinsichtlich des Betrags (Kapital, Zinsen, Nebenleistungen, Kosten), mit welchem die Gläubigerin hierbei ausgefallen ist. Er/Sie beantragt/beantragen beim Notar, der Gläubigerin auch insoweit eine vollstreckbare Ausfertigung dieser Urkunde zu erteilen.

Der Notar hat die Erschienenen insbesondere auf die über die Grundschuldsicherheit hinaus übernommene persönliche Schuldverpflichtung hingewiesen und über die daraus folgende Haftung mit dem gesamten Vermögen belehrt.

Aus der unter 1 bestellten Grundschuld und der übernommenen persönlichen Haftung darf sich die Gläubigerin nur einmal in Höhe des Betrags der Grundschuld nebst Zinsen, Nebenleistungen und Kosten der dinglichen Rechtsverfolgung gem. § 1118 BGB befriedigen.

[1] Die persönliche Haftung kann nur von Schuldnern oder Bürgen übernommen werden.

5 Schlußbestimmungen

5.1 Die in dieser Urkunde genannten Eigentümer bestellen sich gegenseitig zu **Zustellungsbevollmächtigten** und bevollmächtigen sich gegenseitig, alle Zustellungen und Willenserklärungen, die das Grundpfandrecht betreffen, und zwar auch im Zwangsvollstreckungsverfahren, in Empfang zu nehmen.

5.2[1] Der Eigentümer ist mit der späteren Umwandlung in eine Briefgrundschuld und mit einem Verzicht auf die Rechte nach § 1160 BGB einverstanden. Er bevollmächtigt die Gläubigerin unter Befreiung von den Beschränkungen des § 181 BGB, jederzeit die Eintragung der Umwandlung in das Grundbuch zu bewilligen und zu beantragen sowie sich den Brief vom Grundbuchamt aushändigen zu lassen.

5.3 Die Kosten dieser Urkunde und ihres Vollzugs trägt der Eigentümer.

5.4 Sollten einzelne Bestimmungen dieser Urkunde unwirksam sein bzw. nicht durchgeführt werden, so bleiben die übrigen Bestimmungen wirksam. Soweit Bestimmungen unwirksam sind, gelten ergänzend die gesetzlichen Vorschriften.

5.5 Der Notar hat den Grundbuchinhalt festgestellt.

6 Zustimmungserklärung des Ehegatten

Der Ehegatte erteilt hiermit aus güterrechtlichen Gründen seine **Zustimmung**[2].

– Nicht Inhalt der notariellen Urkunde –

Zustimmung und Antrag der Gläubigerin

Die Gläubigerin stellt unter Annahme der Grundschuldbestellung hiermit ebenfalls alle Anträge an das Grundbuchamt aus dieser Urkunde.

Ort, Datum	Gläubigerin[3]

1 Streichen, wenn von vornherein ein Grundschuldbrief gebildet werden soll.
2 Streichen, wenn die Zustimmung des anderen Ehegatten nach § 1365 BGB nicht erforderlich ist.
3 Eine Beglaubigung der Unterschrift der Gläubigerin ist nicht erforderlich.

Muster einer Grundschuld-Zweck-erklärung

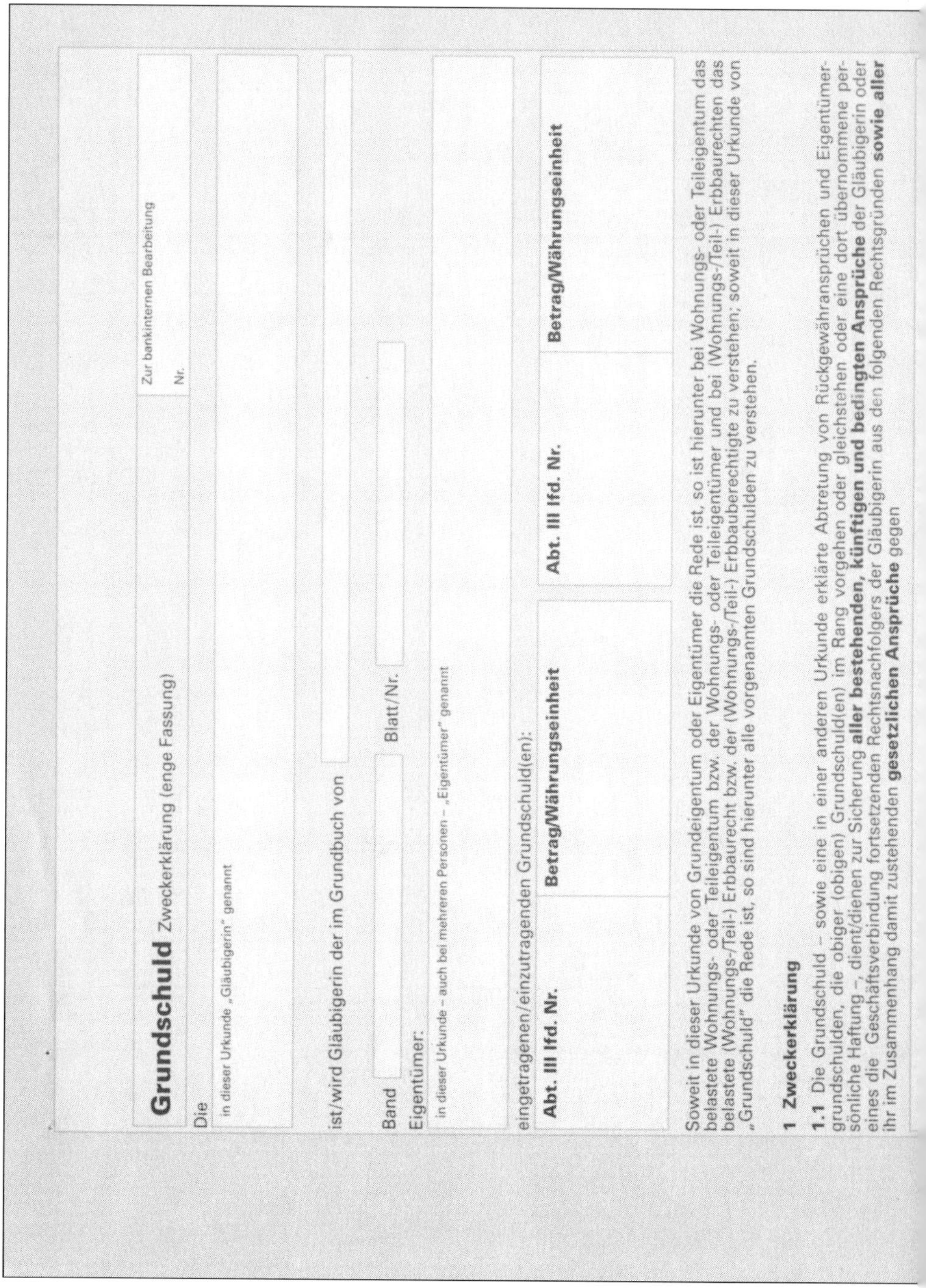

Grundschuld Zweckerklärung (enge Fassung)

Zur bankinternen Bearbeitung
Nr.

Die

in dieser Urkunde „Gläubigerin" genannt

ist/wird Gläubigerin der im Grundbuch von

Band Blatt/Nr.

Eigentümer:

in dieser Urkunde – auch bei mehreren Personen – „Eigentümer" genannt

eingetragenen/einzutragenden Grundschuld(en):

Abt. III lfd. Nr.	Betrag/Währungseinheit	Abt. III lfd. Nr.	Betrag/Währungseinheit

Soweit in dieser Urkunde von Grundeigentum oder Eigentümer die Rede ist, so ist hierunter bei Wohnungs- oder Teileigentum das belastete Wohnungs- oder Teileigentum bzw. der Wohnungs- oder Teileigentümer und bei (Wohnungs-/Teil-) Erbbaurechten das belastete (Wohnungs-/Teil-) Erbbaurecht bzw. der (Wohnungs-/Teil-) Erbbauberechtigte zu verstehen; soweit in dieser Urkunde von „Grundschuld" die Rede ist, so sind hierunter alle vorgenannten Grundschulden zu verstehen.

1 Zweckerklärung

1.1 Die Grundschuld – sowie eine in einer anderen Urkunde erklärte Abtretung von Rückgewähransprüchen und Eigentümergrundschulden, die obiger (obigen) Grundschuld(en) im Rang vorgehen oder gleichstehen oder eine dort übernommene persönliche Haftung –, dient/dienen zur Sicherung **aller bestehenden, künftigen und bedingten Ansprüche** der Gläubigerin oder eines die Geschäftsverbindung fortsetzenden Rechtsnachfolgers der Gläubigerin aus den folgenden Rechtsgründen **sowie aller** ihr im Zusammenhang damit zustehenden **gesetzlichen Ansprüche** gegen

☐ aus Darlehen

Betrag/Währungseinheit	Vertrag vom

Werden die Zins- und Tilgungsraten einem Konto in laufender Rechnung belastet, so ist auch eine dadurch entstandene Kontoüberziehung bis zur Höhe der Zins- und Tilgungsraten für drei Monate gesichert.

☐ aus laufender Rechnung (insbesondere Buch-, Wechsel-, Scheck-, Akzept- und Avalkrediten) bis zum Betrag der Grundschuld nebst Zinsen und Nebenleistungen sowie deren Verlängerungen

☐ aus Lieferungen und Leistungen bis zum Betrag der Grundschuld nebst Zinsen und Nebenleistungen

☐ aus

Soweit bisher Zweckerklärungen und Abtretungen der Rückgewähransprüche vereinbart wurden, werden sie durch diese Erklärungen nicht aufgehoben, sondern ergänzt. Die Grundschuld sowie eine in einer anderen Urkunde erklärte Abtretung von Rückgewähransprüchen und Eigentümergrundschulden oder eine dort übernommene persönliche Haftung dienen auch zur Sicherung aller vertraglichen und gesetzlichen Ansprüche aus oben genannten Rechtsgründen gegen Gesamtrechtsnachfolger des Kreditnehmers oder persönlichen Schuldners und – bei einer Firma oder Gesellschaft – gegen deren Gesamtrechtsnachfolger.

Die Gläubigerin ist berechtigt, sich aufgrund dieser Grundschuld aus dem Grundstück zu befriedigen oder die Grundschuld selbst freihändig zu verwerten; die Gläubigerin wird die Grundschuld freihändig mangels Zustimmung des Eigentümers nur zusammen mit den gesicherten Forderungen und nur in einer im Verhältnis zu dieser angemessenen Höhe verkaufen. Die Gläubigerin darf die Grundschuld bei Vorliegen eines wichtigen Grundes zwangsweise verwerten, insbesondere wenn der Kreditnehmer fälligen Verpflichtungen gegenüber der Gläubigerin nicht nachkommt. Zwangsvollstreckungsmaßnahmen wird die Gläubigerin mit einer Frist von einem Monat schriftlich androhen; eine Fristsetzung ist nicht erforderlich, wenn der Eigentümer seine Zahlungen eingestellt hat oder die Eröffnung eines gerichtlichen Insolvenzverfahrens über sein Vermögen beantragt worden ist oder wenn die Gläubigerin eine Klage auf Duldung der Zwangsvollstreckung aus der Grundschuld in den belasteten Grundbesitz erhebt..

Zahlt ein Bürge oder ein anderer Dritter an die Gläubigerin, so verpflichtet sie sich, die Grundschuld einschließlich der anderen in dieser Urkunde genannten Sicherungsrechte auf diesen zu übertragen, sofern nicht eine Abrede des Sicherungsgebers mit ihr oder Rechte Dritter entgegenstehen.

Die Abtretung und Verpfändung der Rückgewähransprüche bedarf der Zustimmung der Gläubigerin.

[1] Handelt es sich um mehrere Schuldner und soll die Sicherheit auch zur Sicherung der Ansprüche gegen einzelne Schuldner dienen, so ist dies gesondert auszuhandeln und durch einen Zusatz, wie z. B. „und gegen jeden einzelnen von ihnen", zum Ausdruck zu bringen.

220 020 DG VERLAG FA 10.97

1.2 Mit der Gläubigerin ist vereinbart, daß Zahlungen, die aus irgendeinem Grund an sie geleistet werden, weder auf die Grundschuld noch auf deren Zinsen und Nebenleistungen, sondern auf die persönliche Forderung anzurechnen sind. Werden mehrere Forderungen gesichert, steht dem Eigentümer bei Leistung kein Leistungsbestimmungsrecht nach § 366 Abs. 1 BGB zu. Die Gläubigerin ist vielmehr berechtigt, Zahlungseingänge nach der Tilgungsreihenfolge des § 366 Abs. 2 BGB zu verrechnen.

1.3 Die Gläubigerin ist berechtigt, aber nicht verpflichtet, Teile des Grundeigentums sowie Grundstückszubehör aus der Haftung für die Grundschuld zu entlassen und Rangänderungen zu bewilligen. Dies soll auch dann gelten, wenn der Rückgewähranspruch an einen Dritten abgetreten ist oder abgetreten wird.

1.4 Die Gläubigerin ist jederzeit berechtigt, auf den ihren persönlichen Anspruch übersteigenden Teil der Grundschuld und der bei ihr eingetragenen Zinsen und Nebenleistungen zu verzichten sowie den Antrag auf Eintragung des Verzichts im Grundbuch zu stellen. In einem etwaigen Zwangsversteigerungs- oder Zwangsverwaltungsverfahren ist die Gläubigerin nicht verpflichtet, aus der Grundschuld Beträge geltend zu machen, die über den persönlichen Anspruch hinausgehen.

1.5 Die Gläubigerin oder deren Beauftragte ist berechtigt, das Pfandgrundstück zu besichtigen.

1.6 Der Eigentümer stimmt hiermit zu, daß dem Gläubiger folgende Auskünfte erteilt werden

a) von Steuer- und sonstigen Behörden über Rückstände solcher öffentlicher Lasten, die in einer Zwangsverwaltung oder Zwangsversteigerung des belasteten Grundeigentums mit dem Rang vor dem Recht der Gläubiger zu befriedigen sind,
b) von den zuständigen Stellen über den Einheitswert und den Gebäude-Versicherungswert,
c) von den Gläubigern vor- oder gleichrangiger Grundpfandrechte über die Höhe der Forderungen, Kreditzusagen und bestehenden Sicherheiten.

Die Gläubigerin ist berechtigt, zum Nachweis der Vollmacht die gesamte Urkunde zur Einsicht vorzulegen.

Der Eigentümer verpflichtet sich, der Gläubigerin auf Verlangen Miet- und Pachtverträge und sonstige das Grundstück betreffende Unterlagen vorzulegen.

1.7 Der Eigentümer ist verpflichtet, das Pfandgrundstück gegen Feuer und auf Verlangen der Gläubigerin auch gegen Sturm/Hagel, Leitungswasser, Elementarschäden und weitere Risiken versichert zu halten. Die Auswahl eines geeigneten Versicherungsunternehmens hat im Einvernehmen mit der Gläubigerin zu erfolgen. Die Gläubigerin wird ihr Einvernehmen erklären, wenn keine sachlichen Gründe gegen das vom Eigentümer ausgewählte Versicherungsunternehmen bestehen und insbesondere dem Sicherungsbedürfnis der Gläubigerin Rechnung getragen ist. Wenn der Eigentümer für keinen ausreichenden Versicherungsschutz sorgt oder die Prämien nicht pünktlich zahlt, ist die Gläubigerin berechtigt, dies auf Gefahr und Kosten des Eigentümers zu tun.

2 Schlußbestimmungen

2.1 Aus der Grundschuld – sowie einer in einer anderen Urkunde erklärten Abtretung von Rückgewähransprüchen und von Eigentümergrundschulden, die der/den obigen Grundschuld(en) im Rang vorgehen oder gleichstehen oder einer dort übernommenen persönlichen Haftung – darf sich die Gläubigerin nur einmal in Höhe des Betrags der Grundschuld nebst Zinsen, Nebenleistungen und Kosten befriedigen; das gilt nicht, wenn die Abtretungen durch Individualvereinbarung haftungserweiternd vereinbart wurden bzw. werden.

2.2 Sollten einzelne Bestimmungen dieser Urkunde unwirksam sein bzw. nicht durchgeführt werden, so bleiben die übrigen Bestimmungen wirksam. Soweit Bestimmungen unwirksam sind, gelten ergänzend die gesetzlichen Vorschriften.

2.3 Ergänzend gelten die **Allgemeinen Geschäftsbedingungen** der Gläubigerin (AGB). Die AGB können in den Geschäftsräumen der Gläubigerin eingesehen werden; auf Verlangen werden sie ausgehändigt.

Ort, Datum	Eigentümer

Falls im Hinblick auf den Güterstand der Ehegatten eine Mitwirkung des anderen Ehegatten erforderlich ist, erteilt dieser hiermit seine **Zustimmung.**

Ort, Datum

Die Unterschrift(en) unter dieser Urkunde

☐ wurde(n) vor mir von dem/den Unterzeichner(n) geleistet. ☐ wurde(n) von mir geprüft.

Der Eigentümer ☐ ist mir persönlich bekannt und bereits legitimiert.	hat sich ausgewiesen durch (Urkunde) ☐ Personalausweis	☐ Reisepaß	☐
Nr.	ausstellende Behörde		Ausstellungsdatum
Der Ehegatte ☐ ist mir persönlich bekannt und bereits legitimiert.	hat sich ausgewiesen durch (Urkunde) ☐ Personalausweis	☐ Reisepaß	☐
Nr.	ausstellende Behörde		Ausstellungsdatum

Ort, Datum	Mitarbeiter der Bank

kommt. Ohne diese Zwangsvollstreckungsklausel müsste sich die Bank/Sparkasse erst einen Vollstreckungstitel besorgen. Das kann oft lange dauern und kostet Geld. Daher wird ein Kreditgeber normalerweise nicht auf die Zwangsvollstreckungsklausel verzichten.

Tipp: Als Kreditnehmer sollte man dennoch versuchen, der Bank/Sparkasse eine Grundschuld ohne gleichzeitige Zwangsvollstreckungsunterwerfung zu bestellen.

Die Grundschuldbestellung erfolgt grundsätzlich durch eine notarielle Urkunde. In der Praxis füllt der Kreditsachbearbeiter der Bank/Sparkasse bei Abschluss des Darlehensvertrages zugleich ein Formular über eine Grundschuldbestellung – mit oder ohne Vollstreckungsklausel – aus. Der Kreditnehmer unterschreibt dieses Formular sodann vor einem Notar. Auf den Seiten 162–169 ist ein typisches Formular abgedruckt.

Keiner notariellen Beurkundung bedarf hingegen die „Grundschuld-Zweckerklärung". Wie oben bereits erwähnt, spricht man insoweit auch von einem Sicherungsvertrag. In diesem Vertrag regelt die Bank/Sparkasse mit dem Kreditnehmer (Wohnungskäufer), welche Forderungen der Bank/Sparkasse wie bzw. in welcher Reihenfolge zu verwerten sind.

Im Abschnitt „Die Eintragung im Grundbuch" ab Seite 107 ff. ist bereits ausgeführt worden, dass die Grundschuld nicht vom Bestehen einer Forderung abhängig ist, sie ist nicht akzessorisch. Dies reizt natürlich die Bank/Sparkasse dazu, auch andere (und sogar zukünftige) Forderungen gegen den Kreditnehmer über eine solche Grundschuld absichern zu lassen. Genau dazu dient die Zweckerklärung. Auf Seite 166–167 finden Sie ein typisches Formular für eine Grundschuld-Zweckerklärung.

Tipp: Versuchen Sie, in den Verhandlungen durchzusetzen, eine solche Erklärung nicht unterschreiben zu müssen. Ist dies auch in der Regel unumgänglich, sollten möglichst wenige Forderungen des Kreditinstitutes in diesem Vertrag aufgenommen werden.

Die Sicherung durch eine Hypothek

Diese Art der Darlehenssicherung kommt heute nur noch in Ausnahmefällen oder bei der Finanzierung durch eine Hypothekenbank vor. Im Grunde kann auf die Ausführungen zur Grundschuld verwiesen werden. Außerdem bedarf es immer einer notariellen Beurkundung. Der Notar ist zur Aufklärung verpflichtet.

Die Sicherung durch eine Bürgschaft

In vielen Fällen reicht die Sicherung durch eine Hypothek oder Grundschuld nicht aus, weil die benötigte Darlehenssumme zu hoch ist. Manche Kreditsachbearbeiter von Banken oder Sparkassen neigen auch zu einer gewissen Übersicherung.

Normalerweise kann man dem Kreditgeber alle Wertsachen als Sicherheit anbieten. Die Bank/Sparkasse würde auch die Verpfändung von Wertsachen akzeptieren, wenn nicht die Verwertung im Ernstfall zu umständlich wäre.

In den meisten Fällen wird deshalb auf eine Bürgschaft zurückgegriffen. Bei einer Bürgschaft handelt es sich um einen einseitig verpflichtenden Vertrag, durch den sich der Bürge gegenüber dem Gläubiger eines Dritten verpflichtet, für die Erfüllung der Verbindlichkeit des Dritten einzustehen, wie es § 765 BGB festlegt. Für den Bürgen wird eine eigene selbstständige Verpflichtung begründet. Er haftet also nicht nur für den Dritten. Die Bürgschaftsschuld ist allerdings vom Bestehen der Hauptschuld des Dritten abhängig. Insoweit spricht man wiederum von der Akzessorietät.

Dem Bürgen stehen aber auch alle Einreden des Hauptschuldners nach § 768 BGB zu. Die wichtigste Einrede des Bürgen ist die der *Vorausklage* gemäß § 771 BGB. Danach kann der Bürge die Befriedigung des Gläubigers verweigern, solange dieser nicht die Zwangsvollstreckung gegen den Hauptschuldner ohne Erfolg versucht hat. Diese im Gesetz geregelten Einreden sind natürlich für die Banken/Sparkassen, die daran interessiert sind, ihre Forderungen möglichst ungesäumt zu befriedigen, sehr hinderlich. Da diese gesetzlichen Einreden abdingbar sind, hat sich in der Bankpraxis die *selbstschuldnerische Bürgschaft* durchgesetzt.

Bei einer solchen selbstschuldnerischen Bürgschaft kann der Kreditgeber nach der Kündigung des Darlehens sofort den Bürgen in Anspruch nehmen und muss die oben genannten Einreden nicht erst gegen sich gelten lassen.

Für die Bank/Sparkasse ist das ein wichtiger Punkt. Ist der Bürge zahlungsfähig, braucht sie sich nicht erst mit dem zahlungsunfähigen Hauptschuldner auseinanderzusetzen. Für den Bürgen hingegen stellt dies eine beträchtliche Gefahr dar. Wenn er die Forderung der Bank/Sparkasse befriedigt hat, geht zwar die Forderung gegen den Hauptschuldner auf ihn über. Davon hat er aber in aller Regel wenig, denn er wurde ja gerade deshalb als Bürge in Anspruch genommen, weil der Schuldner nicht zahlen konnte.

Wer als Bürge fungiert, sollte daher genau aufpassen, für wen er bürgt, und nicht voreilig unterschreiben. Zwar wird es für die Bank/Sparkasse nicht zumutbar sein, auf die selbstschuldnerische Bürgschaft zu verzichten und sich mit einer „ganz normalen“ Bürgschaft zufrieden zu geben, doch handelt es sich immerhin für den Kreditgeber „nur“ um eine Hilfssicherheit, der die „üblichen“ Sachsicherheiten vorausgehen.

Denkbar ist jedoch auch eine so genannte Ausfallbürgschaft. Bei einer solchen Ausfallbürgschaft muss die Bank/Sparkasse zunächst versuchen, alle anderen Sicherungsmittel auszuschöpfen, bevor sie den Bürgen in Anspruch nimmt. Der Bank/Sparkasse ist dies möglicherweise zumutbar. Der Bürge hat dabei eine größere Sicherheit.

Auf jeden Fall sollte aber der Bürge auf einem Höchstbetrag bestehen. Es ist auch möglich, die Bürgschaft nicht nur auf einen Höchstbetrag, sondern auch auf eine ganz bestimmte Forderung zu beschränken.

Tipp: Der Kreditnehmer sollte bei einer Bürgschaft immer bedenken, welches Risiko der Bürge eingeht. Ein Schuldner verlangt also von einem Bürgen sehr viel und nicht etwa nur einen Freundschaftsdienst. Der Bürge sollte das von der Bank ausgefüllte Formular in Ruhe zu Hause überdenken und notfalls Rechtsrat einholen.

Muster eines Bürgschafts-vertrages

Bürgschaft für Einzelforderungen

Für bankinterne Bearbeitung, bitte bei Schriftwechsel angeben.
Nr.

1 Zur Sicherung aller **bestehenden, künftigen und bedingten Ansprüche** aus

genaue Bezeichnung der zu sichernden Forderungen nach Schuldgrund und Höhe

sowie aller in diesem Zusammenhang entstehenden Forderungen und gesetzlichen Ansprüche – auch soweit fällige Raten und Beträge dem Kontokorrentkonto belastet worden sind –

der

Bank

oder eines die Geschäftsverbindung fortsetzenden Rechtsnachfolgers der Bank

gegen

Hauptschuldner[1]

oder dessen Gesamtrechtsnachfolger und – bei einer Firma oder Gesellschaft – gegen deren Gesamtrechtsnachfolger, übernehme(n) ich/wir

Bürge (Anschrift, Geburtsdatum)

die selbstschuldnerische Bürgschaft bis zum Betrag von

DM

2 Die Bürgschaft ist zeitlich nicht begrenzt.

3 Die Bürgschaft kann frühestens ein Jahr nach ihrer Übernahme unter Einhaltung einer Kündigungsfrist von drei Monaten schriftlich gekündigt werden. Das Recht auf Kündigung aus wichtigem Grund bleibt unberührt.
Mit Wirksamwerden der Kündigung beschränkt sich die Bürgschaft auf den Bestand der verbürgten Ansprüche zu diesem Zeitpunkt. Die Vereinbarungen aus dieser Bürgschaft gelten bis zur vollständigen Erfüllung der verbürgten Verbindlichkeiten des Hauptschuldners weiter.
Dieses Kündigungsrecht besteht nicht für Bürgschaften für Kredite mit fest vereinbarter Laufzeit. Bei Krediten in laufender Rechnung mit fest vereinbarter Laufzeit kann der Bürge im Fall der Prolongation mit einer Kündigungsfrist von drei Monaten zum Ende der jeweiligen Laufzeit die Bürgschaft kündigen.

4 Bis zur vollständigen Befriedigung der Bank dienen alle Zahlungen des Bürgen als Sicherheitsleistung; deshalb gehen erst nach vollständiger Befriedigung der Bank ihre Ansprüche gegen den Hauptschuldner in Höhe der Leistung des Bürgen auf diesen über. Gleiches gilt für akzessorische Rechte. Die Bank verpflichtet sich, sofern nicht eine Abrede des Sicherungsgebers mit der Bank entgegensteht, die nicht akzessorischen Rechte auf den Bürgen zu übertragen. Auf Verlangen des Bürgen hat die Bank diese Ansprüche vorzeitig auf den Bürgen zu übertragen, soweit sie diese nicht nur vorübergehend nicht mehr benötigt.

5 Die Bank ist befugt, den Erlös von Sicherheiten, Zahlungen des Hauptschuldners oder anderer Verpflichteter sowie sonstige Zahlungseingänge zunächst auf den Betrag ihrer Ansprüche zu verrechnen, der die Bürgschaftssumme bzw. im Fall der Kündigung gem. Nr. 3 den dann noch verbürgten Betrag übersteigt.

6 Mehrere Bürgen, die diese Urkunde unterzeichnen, haften als Gesamtschuldner **(Mitbürgschaft).**

7 Bestehen für die Ansprüche der Bank gegen den Hauptschuldner außerhalb dieser Urkunde gegenwärtig oder zukünftig noch andere Bürgschaften, so haftet jeder Bürge unabhängig von den anderen Bürgschaften – **insoweit abweichend von § 769 BGB**[2] – aus dieser Urkunde für den vollen Betrag seiner Bürgschaft **(Nebenbürgschaft).** Die Bürgschaft aus dieser Urkunde tritt neben etwa von dem Bürgen abgegebene sonstige Bürgschaftserklärungen.

8 Der Bürge verzichtet auf die Einreden der Anfechtbarkeit und Aufrechenbarkeit (§ 770 BGB[2]) sowie der Vorausklage (§ 771 BGB[2]); er verzichtet auf die Rechte aus § 776 BGB[2] (Freigabe von Sicherheiten und Entlassung von Bürgen). Die Bank ist berechtigt, mit dem Hauptschuldner Stundung zu vereinbaren, einen gerichtlichen oder außergerichtlichen Vergleich über die verbürgte Forderung gegen den Hauptschuldner abzuschließen, ohne die Zustimmung des Bürgen hierzu einzuholen.

[1] Handelt es sich um mehrere Schuldner und soll die Sicherheit auch zur Sicherung der Ansprüche gegen einzelne Schuldner dienen, so ist dies gesondert auszuhandeln und durch einen Zusatz, wie z. B. „und gegen jeden einzelnen von ihnen", zum Ausdruck zu bringen.

[2] Gesetzestext siehe Rückseite.

230 036 I DG VERLAG FA 12.96

Urschrift für die Bank

9 Jede Änderung oder Ergänzung dieses Bürgschaftsvertrags oder eine Vereinbarung über dessen Aufhebung bedarf, um Gültigkeit zu erlangen, der Schriftform.

10 Sollten einzelne Bestimmungen dieses Bürgschaftsvertrags nicht Vertragsbestandteil geworden oder unwirksam sein bzw. nicht durchgeführt werden, so bleibt der Vertrag im übrigen wirksam. Soweit Bestimmungen nicht Vertragsbestandteil geworden oder unwirksam sind, richtet sich der Inhalt des Vertrags nach den gesetzlichen Bestimmungen.

11 Ergänzend gelten die **Allgemeinen Geschäftsbedingungen** der Bank (AGB). Die AGB können in den Geschäftsräumen der Bank eingesehen werden; auf Verlangen werden sie ausgehändigt.

Ort, Datum	Bürge

Die Unterschrift(en) unter diesem Vertrag

☐ wurde(n) vor mir von dem/den Bürgen geleistet. ☐ wurde(n) von mir geprüft.

Er/Sie

☐ ist/sind mir persönlich bekannt und bereits legitimiert.

hat/haben sich ausgewiesen durch (Urkunde) ☐ Personalausweis ☐ Reisepaß ☐

Nr.	ausstellende Behörde	Ausstellungsdatum

Ort, Datum	Mitarbeiter der Bank

Gesetzestexte:

§ 769 BGB Verbürgen sich mehrere für dieselbe Verbindlichkeit, so haften sie als Gesamtschuldner, auch wenn sie die Bürgschaft nicht gemeinschaftlich übernehmen.

§ 770 BGB Der Bürge kann die Befriedigung des Gläubigers verweigern, solange dem Hauptschuldner das Recht zusteht, das seiner Verbindlichkeit zugrunde liegende Rechtsgeschäft anzufechten.
Die gleiche Befugnis hat der Bürge, solange sich der Gläubiger durch Aufrechnung gegen eine fällige Forderung des Hauptschuldners befriedigen kann.

§ 771 BGB Der Bürge kann die Befriedigung des Gläubigers verweigern, solange nicht der Gläubiger eine Zwangsvollstreckung gegen den Hauptschuldner ohne Erfolg versucht hat (Einrede der Vorausklage).

§ 776 BGB Gibt der Gläubiger ein mit der Forderung verbundenes Vorzugsrecht, eine für sie bestehende Hypothek oder Schiffshypothek, ein für sie bestehendes Pfandrecht oder das Recht gegen einen Mitbürgen auf, so wird der Bürge insoweit frei, als er aus dem aufgegebenen Rechte nach § 774 BGB hätte Ersatz erlangen können. Dies gilt auch dann, wenn das aufgegebene Recht erst nach der Übernahme der Bürgschaft entstanden ist.

Geld vom Staat

Die staatlichen Fördermittel

Ohne staatliche Fördermittel könnten z. B. Familien mit Kindern und einem durchschnittlichen Einkommen kaum die eigenen vier Wände bezahlen. Der Staat hat aber ein besonderes Interesse daran, dass möglichst viele Bürger in die Lage versetzt werden, Wohneigentum zu erwerben. Deshalb wird nicht nur der Kauf bzw. der Bau eines Hauses staatlich gefördert, sondern auch der Erwerb einer Eigentumswohnung zum Zweck der Eigennutzung.

Die bekanntesten Förderungen sind die Bausparprämie und seit 1.1.1996 die Eigenheimzulage. Neben steuerlichen Vergünstigungen gibt es auch noch weitere Förderungen wie z. B. die drei Wege der öffentlichen Förderung und weitere öffentliche Zuschüsse.

Bei der Förderung von Wohneigentum macht der Gesetzgeber keinen qualitativen Unterschied zwischen verschiedenen Wohnungstypen, etwa einem freistehenden Einfamilienhaus, einem Reihenhaus oder einer Eigentumswohnung. Die meisten Förderarten, die den sprichwörtlichen „Häuslebauer" bei der Finanzierung unterstützen, können auch vom Erwerber einer Eigentumswohnung genutzt werden. Ausgeschlossen bleibt allerdings die Förderung von Ferienhäusern bzw. -wohnungen.

Bis zum 31.12.1998 wurde vom Gesetzgeber im Rahmen des Eigenheimzulagegesetzes die Gewährung einer Öko-Zulage befristet. Nach § 9, Abs. 3 und 4 EigZulG sind damit besondere Energiesparmaßnahmen und Wohnungen mit geringem Heizenergiebedarf zu fördern. Ob die auslaufende Förderung durch andere, ökologisch motivierte Förderwege ersetzt wird, war zu Redaktionsschluss noch nicht absehbar.

Die Bausparförderung

Bei der Bausparförderung unterscheidet man die Bausparprämie (Wohnungsbauprämie) und die Arbeitnehmer-Sparzulage. Natürlich kann man nicht beide Förderarten auf ein und dieselbe Sparleistung in Anspruch nehmen. Der Bausparer muss sich für eine der Förderarten entscheiden oder aber für jede der Förderungsart eine gesonderte Sparleistung erbringen.

Die Bausparprämie

Die Bausparprämie ist im Wohnungsbauprämiengesetz (WoPG) geregelt. Sie beträgt 10 Prozent der prämienbegünstigten Aufwendungen im Rahmen des Bausparvertrages. Seit 1.1.1996 betragen die Höchstgrenzen der Förderung für Ledige 1.000,– DM und für Verheiratete 2.000,– DM. Im Klartext heißt dies, dass Ledige pro Jahr maximal 100,– DM und Verheiratete maximal 200,– DM Wohnungsbauprämie pro Jahr auf ihre Sparleistungen erhalten können. Die Förderungsdauer beträgt höchstens sieben Jahre.

Natürlich zahlt der Staat nicht jedem Bürger eine Wohnungsbauprämie. Er will ja nur seine „bedürftigen" Bürger fördern. Deshalb erhalten nur diejenigen eine Bausparprämie, deren zu versteuerndes Jahreseinkommen 50.000,– DM (bei Ledigen) bzw. 100.000,– DM (bei Verheirateten) nicht übersteigt. Um Missverständnissen vorzubeugen: Es handelt sich bei dem zu versteuernden Jahreseinkommen um dasjenige, von dem die Steuern letztlich berechnet werden. Vom eigentlichen Bruttoverdienst eines Arbeitnehmers ist daher alles abzuziehen, was der Steuerpflichtige von der Steuer absetzen kann. Das sind

z. B. die Sonderausgaben, die Werbungskosten usw. Das zu versteuernde Jahreseinkommen kann man leicht aus dem letzten Steuerbescheid ersehen.

Die Wohnungsbauprämie wird auf Antrag des Bausparers von der jeweiligen Bausparkasse beim Finanzamt angefordert. Das Finanzamt überweist die Prämie zugunsten des Bausparers an die Bausparkasse, die dann die Beträge dem Bausparguthaben gutschreibt. Bei Bausparverträgen, die vor dem 1.1.1992 abgeschlossen worden sind, werden die Prämien noch jährlich ausgezahlt und dem Bausparguthaben gutgeschrieben. Bausparer, die erst nach dem 31.12.1991 ihren Bausparvertrag abgeschlossen haben, erhalten die Wohnungsbauprämie erst nach der Zuteilung, nach Ablauf der Sperrfrist bzw. bei einer so genannten prämienunschädlichen Verwendung des Bausparguthabens. Unschädlich ist eine vorzeitige Verfügung nach § 2 Abs. 2 WoPG insbesondere dann, wenn

1. die Bausparsumme ausgezahlt oder beliehen wird und der Bausparer das Geld unverzüglich und unmittelbar zum Wohnungsbau verwendet;
2. der Betrag abgetreten und der Erwerber das Geld unmittelbar und unverzüglich zum Wohnungsbau benutzt;
3. der Bausparer nach Vertragsabschluss stirbt oder dauernd erwerbsunfähig wird;
4. der Bausparer seit einem Jahr ununterbrochen arbeitslos ist.

Die Arbeitnehmer-Sparzulage

Das 5. Vermögensbildungsgesetz, das die so genannten vermögenswirksamen Leistungen regelt, gilt seit 1991 in ganz Deutschland und trifft auch Bestimmungen zur Arbeitnehmer-Sparzulage.

Zahlt der Arbeitgeber auf Antrag des Arbeitnehmers Bausparbeträge direkt auf den Bausparvertrag ein, so handelt es sich im Sinne des Gesetzes um vermögenswirksame Leistungen, für die der Bausparer eine Sparzulage erhalten kann. Der Höchstbetrag, der gefördert wird, liegt bei maximal 936,– DM pro Bausparer und Jahr. Ein Lediger kann also auf seinen Bausparvertrag pro Jahr maximal 936,– DM als vermögenswirksame Leistung einzahlen und erhält dafür 10 Prozent Arbeitnehmer-Sparzulage vom Staat. Arbeiten beide Ehegatten, so können beide je 936,– DM als vermögenswirksame Leistung auf den Bausparvertrag einzahlen und erhalten dann natürlich auch die doppelte Sparprämie.

Die Sperrfristen

Bausparer, die nicht bauen bzw. kaufen wollen, müssen bei der Auszahlung der Bausparsumme auf die gesetzlichen Sperrfristen achten. Nach Ablauf der Sperrfristen müssen nämlich die staatlichen Zuschüsse und Vergünstigungen nicht zurückgezahlt werden.

Bei Bausparverträgen, die vor dem 13.11.1980 und nach dem 31.10.1984 abgeschlossen worden sind, beträgt die Sperrfrist sieben Jahre. Ist der Bausparvertrag zwischen dem 14.11.1980 und dem 30.10.1998 abgeschlossen worden, so beträgt die Sperrfrist zehn Jahre. Das liegt ganz einfach an der unterschiedlichen Gesetzgebung.

Die Eigenheimzulage

Mit Beginn des Jahres 1996 ist das Eigenheimzulagengesetz (EigZulG) in Kraft getreten. Dieses Gesetz hat die Förderung nach § 10e Einkommensteuergesetz (EStG) weitgehend abgelöst und viele Vorteile für den Wohnungskäufer gebracht. Insbesondere haben sich Vorteile für Familien mit Durchschnittseinkommen und Kindern ergeben, weil der Umfang der Förderung nunmehr bis auf den Vorkostenabzug nicht mehr von der Steuerprogression abhängig ist. Die Höhe der Förderung hängt also nicht mehr von der Höhe des Einkommens ab. Allerdings gibt es Einkommensgrenzen, innerhalb derer eine Förderung nur möglich ist. Für Ledige liegt die Einkommensgrenze bei 120.000,– DM und bei Verheirateten bei 240.000,– DM Jahreseinkommen. Diese Einkommensgrenzen müssen jedoch nur bei der Antragstellung „erreicht" sein. Erhöht sich danach das Einkommen über 120.000,– DM bzw. 240.000,– DM, so ist dies unerheblich und beeinträchtigt die Förderung nicht. Außerdem werden die Einkommen im ersten Bezugsjahr und dem Jahr davor zusammengezählt, sodass die Einkommensgrenzen für diese beiden Jahre zusammen bei 240.000,– DM bzw. 480.000,– DM liegen.

Die Eigenheimzulage kann von jedem unbeschränkt Steuerpflichtigen nur einmal im Leben in Anspruch genommen werden. Das bedeutet aber zugleich, dass Ehepaare die Förderung also insgesamt zweimal in Anspruch nehmen können.

Derzeit gibt es folgende Förderungsmöglichkeiten nach dem EigZulG:

1. die Grundförderung,
2. die Kinderzulage (Baukindergeld),
3. die Vorkostenförderung.

Die Grundförderung – §§ 8, 9 Abs. 1 u. 2 EigZulG

Bei der Grundförderung werden die Anschaffungs- oder Herstellungskosten zuzüglich der Anschaffungskosten für Grund und Boden gefördert. Dabei erfolgt die volle Förderung bereits dann, wenn förderungsfähige Kosten in Höhe von 100.000,– DM nachgewiesen werden.

Bei der Grundförderung ist zu unterscheiden, ob eine Neubauwohnung oder ein Altbauwohnung erworben wird. Neubauten werden nämlich mit 5 Prozent (maximal aber 5.000,– DM) gefördert. Altbauten hingegen nur mit 2,5 Prozent (maximal 2.500,– DM). In beiden Fällen beträgt die Förderungsdauer höchstens 8 Jahre. Um Altbauten handelt es sich immer dann, wenn die Eigentumswohnung ab dem dritten Jahr nach der Fertigstellung erworben wird.

Ein Rechenbeispiel macht den Unterschied deutlich:

1. Die Förderung des Erwerbs eines Neubaus
   Gehen wir wieder davon aus, dass die zu erwerbende Eigentumswohnung 300.000,– DM kostet.
   Die Eigenheim- Grundförderung würde also 5 Prozent von 300.000,– DM (das sind also 15.000,– DM) betragen. Die Höchstgrenze der Förderung liegt aber nur bei 5.000,– DM. In unserem Falle beträgt also die Eigenheim-Grundförderung maximal 40.000,– DM (5.000,– DM x 8 Jahre).
2. Die Förderung eines Altbaus
   Wurde die Wohnung im Jahre 1995 fertiggestellt und 1998 verkauft bzw. erworben, so handelt es sich schon um einen so genannten Altbau. In diesem Falle würde die Förderung nur noch die Hälfte betragen, also 2.500,– DM acht Jahre lang (also insgesamt 20.000,– DM).

3. Förderung einer gebrauchten Immobilie als Neubau
   Die zu erwerbende Wohnung ist im Jahre 1996 fertiggestellt worden und wird ebenfalls im Jahre 1998 veräußert bzw. erworben. In diesem Falle würde es sich um einen förderungswürdigen Neubau handeln. Die Förderung für den Käufer beträgt 5 Prozent des Kaufpreises. Der Verkäufer wird in diesem Fall aber Schwierigkeiten mit der Steuer erhalten, weil er möglicherweise der Spekulationssteuer unterliegt. Diese fällt für den Verkäufer immer dann an, wenn das Objekt innerhalb von zwei Jahren nach dem Erwerb wieder veräußert wird.

Tipp: Es lohnt sich beim Wohnungskauf also besonders auf das Datum der Fertigstellung zu achten, um die maximale Eigenheimzulage zu erhalten.

Die Eigenheimzulage muss beim zuständigen Finanzamt beantragt werden, das auch die gesamte Abwicklung – wie früher bei der 10e-Förderung – übernimmt. Die Zulage wird einmal pro Jahr ausgezahlt; im ersten Jahr einen Monat nach Bewilligung, in den sieben Folgejahren jeweils am 15. März.

Die Kinderzulage (Baukindergeld) – § 9 Abs.5 EigZulG

Die Kinderzulage erhöht die Grundförderung um 1.500,– DM pro Kind und Jahr und wird ebenfalls höchstens 8 Jahre gezahlt. Voraussetzung für die Gewährung dieser Zulage ist jedoch, dass bezüglich des Kindes seitens der Eltern ein Anspruch auf Kindergeld bzw. auf den Kinderfreibetrag besteht und das Kind zum inländischen Haushalt gehört. Allerdings braucht die

Zugehörigkeit des Kindes zum Haushalt nicht auf Dauer angelegt zu sein.

Die Kinderzulage kann also pro Kind maximal 12.000,– DM betragen. Bei kinderreichen Familien ist also das Baukindergeld eine recht interessante Angelegenheit. Man muss nur darauf achten, dass die Grundförderung plus Kinderzulage die Herstellungs- bzw. Anschaffungskosten nicht überschreitet. Das wird beim Kauf einer Wohnung seltener der Fall sein. Bei Aus- und Umbauten, die ja ebenso gefördert werden, kann dies schon eher einmal vorkommen.

ACHTUNG

Es gibt Bausparkassen, die in der Eigenheimzulage eine neue Einnahmequelle für sich entdeckt haben. Sie offerieren dem Bausparer mit zwei Kindern, der vielleicht ein wenig knapp mit Eigenkapital ist, das Angebot, ihn mit ca. 48.000,– DM zusätzlichem Eigenkapital auszustatten – wenn, ja wenn er im Gegenzug von der Eigenheimzulage die Grundförderung (40.000,– DM) und die Kinderzulage (24.000,– DM) abtritt. Hände weg von solchen Angeboten! Die Rendite von rund 16.000,– DM, die sich die Bausparkasse im Laufe der acht Förderjahre für die Vorfinanzierung des „Eigenkapitals" genehmigt, ist sehr großzügig bemessen und überdies staatlich garantiert, vor allem ist es Geld, was dem Bausparer verloren geht.

Die Vorkosten-Förderung nach § 10 i EStG

Vorkosten sind progressionsabhängig. Die Förderungsbeträge können also vom zu versteuernden Einkommen abgesetzt werden und mindern so die Steuerschuld. Deshalb ist diese Förderungsart auch nicht im EigZulG, sondern im Einkommensteuergesetz (EStG) geregelt. Unterschieden werden:

1. die Vorkostenpauschale und
2. die Abzugsfähigkeit von Erhaltungsaufwendungen.

Vorkostenpauschale

Die **Vorkostenpauschale** umfasst alle Kosten, die nicht zum Erhaltungsaufwand zählen, insbesondere Notar- und Anwaltskosten, Steuerberaterkosten usw. Diese Pauschale wird ohne Nachweis gewährt, ist jedoch von der Eigenheimzulage abhängig. Ohne Gewährung der Eigenheimzulage wird die Pauschale also nicht gewährt. Sie beträgt ohne Nachweis 3.500,– DM. Höhere Vorkosten bleiben also unberücksichtigt.

Erhaltungsaufwand

Der **Erhaltungsaufwand** kann dagegen unabhängig von der Eigenheimzulage steuerlich geltend gemacht werden. Er kommt natürlich nur bei Altbauten in Betracht und beträgt maximal 22.500,– DM. Dabei handelt es sich z. B. um Reparatur- oder Renovierungskosten. Diese Kosten müssen entweder bis zum erstmaligen Einzug des Erwerbers oder spätestens bis zum Ablauf des auf die Anschaffung folgenden Jahres entstanden sein. Der Erhaltungsaufwand muss im Einzelnen nachgewiesen werden und vermindert die Steuerschuld des Erwerbers. Anders als die Vorkostenpauschale ist der steuerliche Abzug der Gewährung Erhaltungskosten nicht von der Eigenheimzulage abhängig. Insofern trifft hier auch der Vorbehalt der Einkommensgrenzen (Ledige 120.000,– DM/Verheiratete Paare 240.00,– DM im Jahr) nicht zu.

Sonstige Förderungsarten

Neben den oben genannten Förderungsarten gibt es für bestimmte Personengruppen weitere Förderungsmöglichkeiten. Auch das Wohnungsbauförderungsgesetz (WBauG) eröffnet regional unterschiedlich viele weitere Förderungswege.

Das Wohnungsbauförderungsgesetz regelt insbesondere in den §§ 88 ff. die verschiedenen Förderwege. Die verschiedenen Fördermöglichkeiten basieren also im Prinzip auf Bundesgesetzen, ihre konkrete Umsetzung ist aber der Kompetenz der einzelnen Bundesländer anheim gegeben. In den verschiedenen Bundesländern wird man sich also – je nach vorhandenem Wohnungsbestand, regionaler Tradition, strukturpolitischen Erfordernissen und politischem Wollen der jeweiligen Landesregierung – auf sehr unterschiedlichen Förderwegen bewegen können. Selbst Kommunen können, wenn sie finanziell dazu in der Lage sind, Fördermittel für den Wohnungsbau in eigener Verantwortung vergeben.

Allen diesen verschiedenen Förderwegen ist aber eigen, dass sie nur so lange gangbar sind, solange die bereitgestellten Mittel reichen. Einen Rechtsanspruch darauf hat der Wohnungskäufer – anders als bei der Eigenheimzulage – auf diese Mittel nicht. Sind die Fördertöpfe leer, kann auch nichts mehr gefördert werden – eine Situation, die angesichts überbeanspruchter öffentlicher Haushalte immer häufiger eintreten wird. Jedem Wohnungskäufer ist daher dringend davon abzuraten, die öffentliche Förderung von vornherein in seine Kalkulation einzubeziehen. Im Rahmen dieses Ratgebers können sämtliche anderen Förderungsarten gar nicht umfassend dargestellt werden. Es empfiehlt sich daher immer, konkret beim Bauamt oder bei der zuständigen Gemeindeverwaltung nachzufragen.

Auch Steuerberater kennen in der Regel alle geltenden Förderungsarten. Eine Nachfrage lohnt sich besonders in den neuen Bundesländern. Zahlreiche Begünstigungen durch das Fördergebietsgesetz sind zwar inzwischen ausgelaufen, aber noch immer gibt es aufgrund des enormen Nachholbedarfes eine Reihe außerordentlicher Fördermöglichkeiten.

Tipp: Wer sich umfassend über die Förderungsmöglichkeiten informieren will, sollte zunächst bei seiner Gemeinde/Stadt vorstellig werden und sich dort kostenlos beraten lassen.
Seriösen Rat erhält man auch bei seiner Bank/Sparkasse, einem Steuerberater oder einem Rechtsanwalt bzw. einem Notar.
Vorsicht ist bei Finanzierungsberatern geboten. Diese Leute leben von Provisionen und sind eher an einer provisionsträchtigen Finanzierung interessiert. Mit Förderungsmitteln wird oftmals die Finanzierung „schöngerechnet". Das kann zu teuren Nach- oder Zwischenfinanzierungen führen.

Anhang

Checklisten – Wohnungskauf

Es ist eine alte Erfahrung, dass der Käufer einer Eigentumswohnung in dem Moment „blind" wird, in dem er meint, seine Traumwohnung gefunden zu haben. In dieser Situation ist man kaum noch für Argumente anderer zugänglich. Mängel werden leicht bagatellisiert oder übersehen.

In dieser „gefährlichen" Phase des Wohnungskaufes lohnt sich besonders die Erstellung bzw. Überarbeitung von Checklisten.

Checkliste – eigene Ansprüche

Bevor man sich auf die Suche nach der Traumwohnung begibt, sollte man sich darüber Gedanken machen, welche eigenen – also ganz persönlichen – Ansprüche unbedingt erfüllt sein müssen.

Auswahlkriterien	Für mich/meine Familie		
	sehr wichtig	wichtig	unwichtig
Die Gemeinschaftsanlagen:			
Rasenfläche			
Nutzgarten			
Terrasse			
Schwimmbad			
Freizeiträume			
Spielmöglichkeiten für Kinder			
Wege und Straßen			
Pkw-Abstellplätze			

Auswahlkriterien	Für mich/meine Familie sehr wichtig	wichtig	unwichtig
Pkw-Garagen			
Fahrradeinstellmöglichkeiten			
Kinderwageneinstellmöglichkeit			
Antennenart			
Treppenhaus/Fahrstuhl			
Heizungsart			
Entlüftung der einzelnen Räume			
Lage des Kaufobjektes/Mieterstruktur:			
sozialer Stand der anderen Eigentümer			
Anzahl der Eigennutzer			
Anzahl der Mieter			
Außenlärm			
reines Wohngebiet			
Mischgebiet			
Neubauviertel			
Altbauviertel			
gewachsenes Gebiet			
Freizeitwert			
Spielplätze			
verkehrsberuhigtes Gebiet			
öffentliche Verkehrsmittel			
Entfernung zum Arbeitsplatz			
Entfernung zur Schule			
Einkaufsmöglichkeiten			
medizinische Versorgung			

Checkliste – Bauzustand

Auch der Bauzustand des Hauses, in dem die Eigentumswohnung liegt, spielt eine bedeutende Rolle. Bei einem Neubau kommen erst in ca. 10 Jahren größere Instandsetzungs- bzw. Erhaltungskosten auf die Eigentümergemeinschaft zu. Bei einem Altbau kommt es auf den Erhaltungszustand des Gebäudes an. Aber auch der Zustand der Wohnung spielt eine große Rolle. Wer „zwei linke Hände" und begrenzte finanzielle Mittel hat, wird sicher keine Wohnung mit Renovierungsstau erwerben wollen. Ein handwerklich begabter Käufer dagegen kann durch Eigenleistung Geld sparen.

Auswahlkriterien	Für mich/meine Familie			Kosten
	sehr wichtig	wichtig	unwichtig	geschätzt
Neubau der Gesamtanlage:				
Förderungsmittel (Baujahr)				
Baumängel am				
a) Rohbau				
b) Fassade				
c) Innenausbau				
Altbau:				
Denkmalschutz				
Bausubstanz				
a) Massivbau				
b) Wärmedämmung				
c) Schalldämmung				

Auswahlkriterien	Für mich/meine Familie sehr wichtig	wichtig	unwichtig	Kosten geschätzt
Typische Baumängel				
d) Dach undicht				
e) Wände nass				
f) Schimmel in den Ecken				
g) Außenputz				
Renovierungsbedarf				
h) Mauerwerk				
i) Kellerwände				
j) Dach				
k) Fassade				
l) Terrasse				
m) Fenster				
n) Türen				
o) Fußböden				
p) Heizung				
q) Installation				
r) Küche				

Wohnungsausstattung

Bei der Wohnungsausstattung sollte man sich nicht von Neuanlagen „blenden“ lassen. Eine Eigentumswohnung ist kein Haus, sodass es in aller Regel auf die Zweckmäßigkeit der Wohnungsausstattung ankommt.

Auswahlkriterien	Für mich/meine Familie sehr wichtig	wichtig	unwichtig	Kosten geschätzt
Außentür				
a) Material				
b) unterhaltungsbedürftig				
c) Schallschutz				
Innentüren				
a) Rahmen				
b) Türblatt				
Fenster				
a) Holz				
b) Alu				
c) Kunststoff				
d) Fensterbänke				
e) Rolläden				
f) Sonnenschutz				
Fußbodenbelag				
a) Parkett				
b) Teppichboden				
c) Fliesen				
d) Kunststoff				

Auswahlkriterien	Für mich/meine Familie			Kosten
	sehr wichtig	wichtig	unwichtig	geschätzt
Kücheneinrichtung				
a) Herd				
b) Spüle				
c) Möbel				
Bad / WC				
a) Badewanne				
b) Dusche				
c) Waschbecken				
d) Bidet				
e) Armaturen				
Abstellräume				
a) Speisekammer				
b) Schränke				
Heizung				
a) Sammelheizung				
b) Etagenheizung				

Checkliste – Kaufpreis

Die richtige Bewertung eines Kaufobjektes ist selbst für vereidigte Sachverständige ein schwieriges Unterfangen. Aus diesem Grunde hat auch der Gesetzgeber eine Wertermittlungsverordnung erlassen, die von vielen Fachleuten mehr oder weniger gut kommentiert worden ist. Für einen Laien dürfte eine objektive Wertermittlung nahezu unmöglich sein.

Angaben des Verkäufers	Überprüfungsmöglichkeiten des Käufers	Wert der Überprüfung
Grundstückspreis	Angaben im Wertgutachten eines vereidigten Sachverständigen	sicher
	Auskunft der zuständigen Gemeinde (Bauamt) über die ortsüblichen Preise	sicher
	Gutachten der eigenen Bank	relativ sicher
	Gutachten eines Maklers	Vorsicht
Gebäudebewertung	Angaben im Wertgutachten eines vereidigten Sachverständigen	sicher
	Gutachten der eigenen Bank	relativ sicher
	Gutachten einer Versicherung	bedingt sicher
	Gutachten eines Maklers	Vorsicht
Grundpfandrecht	Blick in das Grundbuch	sicher
Mietpreise	Auskunft der zuständigen Gemeinde (Bauamt oder Sozialamt)	sicher
	Mieterverein oder Verbraucherschutzverein	ziemlich sicher
	Angaben im Wertgutachten eines vereidigten Sachverständigen	sicher
	Gutachten der eigenen Bank	relativ sicher
	Gutachten einer Versicherung	bedingt sicher
	Gutachten eines Maklers	Vorsicht

Checkliste – Vertragsverhandlungen

Problem	Tip der Profis
Nebenabreden	Keine mündlichen Nebenabreden treffen! Mündliche Nebenabreden sind in aller Regel unwirksam, weil Grundstücksverträge notariell beurkundet werden müssen.
Vorkaufsrechte	Bestehen vertragliche Vorkaufsrechte? Wenn ja, müssen sie aus dem Grundbuch ersichtlich sein. Nicht eingetragene (vertragliche) Vorkaufsrechte wirken nur gegenüber dem Verkäufer. Um die gesetzlichen Vorkaufsrechte kümmert sich der Notar.
Vertragsprüfung	Jeden schriftlichen Vertrag zu Hause in Ruhe prüfen! Es ist keine Schande, sondern zeugt von Cleverness, wenn man solch wichtigen Dinge ganz in Ruhe prüft. Wenn der andere Vertragspartner auf der sofortigen Unterzeichnung besteht, sollte man ohnehin Abstand von diesem Geschäft nehmen.
Fachmännischer Rat	Bei Zweifeln fachmännischen Rat einholen. Echten fachmännischen Rat gibt es beim Notar, dem eigenen Rechtsanwalt oder bei den Gemeinden (Bauämtern usw.).

Glossar

Akzessorietät – Es handelt sich – frei übersetzt – um eine Anlehnung oder Abhängigkeit. Insbesondere eine Hypothek ist akzessorisch. Die Entstehung, die Übertragung und der Bestand der Hypothek sind unbedingt von dem Vorhandensein einer gesicherten Forderung abhängig. Es gibt also keine Hypothek ohne eine bestehende Darlehensforderung.

Annuität – der Jahresbetrag, der für Zins und Tilgung eines Darlehens vom Schuldner zu zahlen ist. Man unterscheidet die konstante Annuität, bei der die Zinslast abnimmt und die Tilgungsrate zunimmt und die variable Annuität, bei der die Tilgungsrate gleichbleibt und somit die Zinslast sinkt.

Auflassung – Einigung des Veräußerers und des Erwerbers bei gleichzeitiger Anwesenheit beider Teile. Für die Übertragung eines Grundstücks ist die Auflassung nach § 925 BGB erforderlich.

Auflassungsvormerkung – Die Eintragung der Vormerkung erfolgt auf Antrag und durch Bewilligung des Betroffenen. Sie wird meist mit Abschluss des notariellen Kaufvertrages vom Verkäufer bewilligt. Die Vormerkung als solche sperrt das Grundbuch nicht. Nach Eintragung der Vormerkung ist jedoch eine Verfügung über das durch die Vormerkung gesicherte Recht dem Vormerkungsberechtigten gegenüber unwirksam (§ 883 Abs.II BGB).

Bauhandwerkersicherungshypothek – Der Bauunternehmer kann für seine Werklohnforderung aus dem „Bauvertrag“ vom Besteller die Einräumung einer Sicherungshypothek (Bauhandwerkersicherungshypothek) verlangen (§ 648 BGB). In der Praxis wird diese Vormerkung meist auf Grund einer einstweiligen Verfügung erreicht.

Beleihungswert – der von der Bank/Sparkasse (also dem Kreditgeber) festgesetzte Wert eines zu beleihenden Grundstücks. In der Regel ist er niedriger als der eigentliche Verkehrswert. Außerdem wird noch ein Sicherheitsabschlag berücksichtigt.

Besitz – Es ist die tatsächliche Herrschaft einer Person über eine Sache. Anders als beim Eigentum ist dem Besitzer die Sache nicht rechtlich zugeordnet. Es gibt lediglich eine tatsächliche Beziehung zwischen Person und Sache.

Bürgschaft – ein einseitig verpflichtender Vertrag, durch den sich der Bürge gegenüber dem Gläubiger eines Dritten verpflichtet, für die Erfüllung der Verbindlichkeit des Dritten einzustehen. Der Bürgschaftsvertrag bedarf der Schriftform. Die Bürgschaftsschuld ist vom Bestehen der Hauptschuld des Dritten abhängig.

Darlehen – Auf Grund eines Darlehensvertrages ist der Darlehensnehmer, der Geld oder andere vertretbare Sachen darlehensweise erhalten hat, verpflichtet, Sachen von gleicher Art, Güte und Menge zurückzugeben.

Disagio – die Differenz zwischen der Darlehenssumme und dem Auszahlungsbetrag. Bei Hypothekenkrediten spricht man richtiger vom Damnum.

Effektivzins (effektiver Jahreszins) – die in einem Prozentsatz vom Nettokreditbetrag oder dem Barzahlungspreis anzugebende Gesamtbelastung pro Jahr. Er wird nach der Preisangabenverordnung ermittelt und muss alle pro Jahr anfallenden Zinsen, Kosten und Versicherungen enthalten. Bei Krediten mit veränderlichen Zahlungsbedingungen wird er als anfänglicher effektiver Jahreszins ausgewiesen.

Eigentum – das umfassende Recht, mit einer Sache nach Belieben zu verfahren. Der Gesetzgeber hat im BGB nur das Eigentum im privatrechtlichen Sinne behandelt. So kann der Eigentümer einer Sache nach Belieben mit der Sache verfahren, wenn nicht gesetzliche Vorschriften oder Rechte Dritter entgegenstehen.

Einheitswert – der Wert, der vom Finanzamt für die Bemessung der Grundsteuer festgesetzt wird. Das Finanzamt legt die wirtschaftliche Einheit des Grundstücks zu Grunde.

Gemeinschaft – Steht ein Recht mehreren gemeinschaftlich zu, so ist in der Regel eine Gemeinschaft nach Bruchteilen *(Bruchteilsgemeinschaft)* gegeben. Die Verwaltung der gemeinsamen Gegenstände erfolgt gemeinsam. Die Aufhebung der Gemeinschaft kann jederzeit verlangt werden. Die Teilung erfolgt in Natur, also durch einen tatsächlichen Akt, oder, wenn dies nicht möglich ist, durch Verkauf.

Gemeinschaftseigentum – definiert der Gesetzgeber in § 1 Abs. V WEG wie folgt: „Gemeinschaftliches Eigentum im Sinne dieses Gesetzes sind das Grundstück sowie die Teile, Anlagen und Einrichtungen des Gebäudes, die nicht im Sondereigentum oder im Eigentum eines Dritten stehen.“

Gesamthandsschuldner – haften gemeinschaftlich, und der Gläubiger kann die Leistung auch nur von allen gemeinsam fordern. Ein ganz typischer Fall ist die ungeteilte Erbengemeinschaft.

Gesamtschuldner – sind Schuldner, die gemeinsam eine Leistung schulden. Jeder haftet dabei für die ganze Schuld auch so lange allein, bis die Schuld getilgt ist. Der Gläubiger kann sich also auch nur an einen Schuldner halten.

Globalbelastung – die Belastung eines Grundstücks in der Art, dass zum Zwecke der Absicherung der Kaufpreisforderung bzw. zur Absicherung der Kosten des gesamten Bauvorhabens eine Grundschuld bestellt wird. Besonders beim Bauträgervertrag behält sich der Bauträger die Globalbelastung vor.

Grundbuch – Im Grundbuch sind die Grundstücke unter einer Blattbezeichnung eingetragen. Die Führung der Grundbücher ist den Grundbuchämtern übertragen. Für jedes Grundstück wird ein besonderes Grundbuch in Form eines Grundbuchblattes angelegt. Das Grundbuch dient im Interesse des Rechtsverkehrs der Offenlegung der Rechtsverhältnisse an einem Grundstück. Es ist nicht nur der Eigentümer, sondern auch die Belastungen eines Grundstücks registriert. In Baden-Württemberg besteht in jeder Gemeinde ein staatliches Grundbuchamt, das von einem im Landesdienst stehenden Notar geführt wird.

Grunderwerbsteuer – fällt immer beim Erwerb eines Grundstücks an und beträgt zur Zeit 3,5 Prozent. Die Eigentumsumschreibung im Grundbuch erfolgt nur, wenn die Grunderwerbsteuer gezahlt ist.

Grundschuld – die Belastung eines Grundstücks in der Art, dass an denjenigen, zu dessen Gunsten die Belastung erfolgt, eine bestimmte Geldsumme aus dem Grundstück zu zahlen ist. Die Grundschuld ist also eine abstrakte Belastung des Grundstücks und nicht wie die Hypothek vom Bestand der Forderung abhängig. Sie ist also nicht akzessorisch.

Grundstück – räumlich abgegrenzter Teil der Erdoberfläche, der im Bestandsverzeichnis des entsprechenden Grundbuches unter einem Grundbuchblatt und einer Blattnummer registriert ist. Das Flurstück oder die Katasterparzelle ist lediglich ein vermessungstechnischer Begriff.

Hypothek – die Belastung eines Grundstücks in der Art, dass aus dem Grundstück an den Berechtigten eine Geldsumme zur Befriedigung seiner Forderung zu zahlen ist. Die Hypothek ist akzessorisch. Der Bestand der Hypothek ist also vom Bestand der Forderung abhängig.

Hypothekenbanken – private Spezialbanken, die langfristige Kredite insbesondere gegen Grundpfandrechte (Hypotheken oder Grundschulden) vergeben.

Minderung – ein Gewährleistungsanspruch. Sie ist u. a. beim Kauf und beim Werkvertrag möglich. Bei der Minderung wird der Kaufpreis bzw. die Werklohnforderung herabgesetzt.

Notweg – Nach § 917 BGB steht dem Grundstückseigentümer, dessen Grundstück keine Verbindung zu einer öffentlichen Straße hat, ein Notwegerecht zu. Auf Grund dieses Notwegerechts darf er ein Nachbargrundstück zur Erreichung der öffentlichen Straße überqueren.

Reallast – die Belastung eines Grundstücks in der Art, dass aus dem Grundstück an den Berechtigten wiederkehrende Leistungen zu erbringen sind. Sie verleiht kein unmittelbares Nutzungsrecht des Grundstücks. Das Grundstück haftet aber für die Erbringung der Leistung durch den Eigentümer. Häufigster Anwendungsbereich ist das so genannte Altenteil.

Sachen – die körperlichen Gegenstände. Die unbeweglichen Sachen sind die Grundstücke und alles, was mit diesen fest verbunden ist. Also nicht nur die Erdoberfläche, sondern z. B. auch die darauf stehenden Gebäude oder Bäume. Zu den beweglichen Sachen gehören all diejenigen, die kein Grundstück sind, also die man irgendwie bewegen kann.

Schadensersatz – der Ausgleich des einer Person entstandenen Schadens. Die Schadensersatzpflicht kann sich aus Vertrag oder aus dem Gesetz (z. B. als Gewährleistungsanspruch) ergeben.

Sondereigentum – Im Gegensatz zum Gemeinschaftseigentum kann der einzelne Wohnungseigentümer über sein Sondereigentum allein und nach Belieben verfügen, es sei denn, die Verfügung wirkt sich auf das Gemeinschaftseigentum aus. Über das Gemeinschaftseigentum können nur alle Wohnungseigentümer gemeinsam (in der Praxis durch Mehrheitsbeschluss) entscheiden.

Teileigentum – Der Gesetzgeber hat das Teileigentum in § 1 Abs. III WEG wie folgt definiert: „Teileigentum ist das Sondereigentum an nicht zu Wohnzwecken dienenden Räumen eines Gebäudes in Verbindung mit dem Miteigentumsanteil an dem gemeinschaftlichen Eigentum, zu dem es gehört."

Vertrag – Vorliegen zweier übereinstimmender Willenserklärungen. Der eine Vertragspartner macht einen Antrag (ein Angebot) und der andere Vertragspartner nimmt den Antrag an. Seine Erklärung nennt man die Annahme.

Vollmacht – Die Erteilung der Vertretungsmacht nennt man Vollmacht. Die Vollmachtserteilung kann entweder gegenüber dem Vertreter oder gegenüber dem anderen Geschäftspartner erfolgen. Im ersten Fall spricht man von einer Innenvollmacht. Im anderen Fall handelt es sich um eine Außenvollmacht.

Vorkauf – Man unterscheidet zwischen dem vertraglichen Vorkaufsrecht (meist ein Grundstück) und dem gesetzlichen Vorkaufsrecht (z. B. hat die Gemeinde ein Vorkaufsrecht bei Grundstücken oder der Miterbe beim Verkauf eines Miterbanteils).

Vormerkung – Sie sichert den schuldrechtlichen Anspruch auf die Einräumung oder die Aufhebung eines Rechts an einem Grundstück. Die Eintragung einer Vormerkung ist auch zur Sicherung eines künftigen oder eines bedingten Anspruchs zulässig. Die Vormerkung als solche sperrt das Grundbuch nicht. Nach Eintragung der Vormerkung ist jedoch eine Verfügung über das durch die Vormerkung gesicherte Recht dem Vormerkungsberechtigten gegenüber unwirksam.

Wandelung – die Rückgängigmachung des Kauf- bzw. Werkvertrages. Jeder Vertragsteil hat die bereits erhaltenen Leistungen dem anderen zurückzugewähren.

Werklieferungsvertrag – Davon spricht man dann, wenn der Unternehmer das Werk aus einem von ihm zu beschaffenden Stoff herzustellen und dem Besteller zu übereignen hat.

Werkvertrag – ist ein entgeltlicher gegenseitiger Vertrag. Er ist formfrei. Der Unternehmer (auch Hersteller genannt) verpflichtet sich beim Werkvertrag zur Herstellung eines bestimmten Werkes (z. B. die Herstellung eines Möbels). Der Besteller (auch Kunde genannt) ist verpflichtet, die Vergütung (auch Werklohn genannt) zu zahlen.

Wohnung – in der Verwaltungsvorschrift zur Abgeschlossenheitsbescheinigung (AVA) wie folgt definiert: „Eine Wohnung ist die Summe der Räume, welche die Führung eines Haushaltes ermöglichen; dazu gehört stets eine Küche oder ein Raum mit Kochgelegenheit sowie Wasserversorgung, Ausguss und WC. Die Eigenschaft als Wohnung geht nicht dadurch verloren, dass einzelne Räume vorübergehend oder dauernd zu beruflichen oder gewerblichen Zwecken benutzt werden."

Wohnungseigentum – In § 1 Abs. II WEG hat der Gesetzgeber das Wohnungseigentum wie folgt definiert: „Wohnungseigentum ist das Sondereigentum an einer Wohnung in Verbindung mit dem Miteigentumsanteil an dem gemeinschaftlichen Eigentum, zu dem es gehört".

Wohnungs-Grundbuch – eine Sonderbezeichnung für das Grundbuch, in dem das Wohnungseigentum eingetragen wird.

Zubehör – bewegliche Sachen, die wirtschaftlich der Hauptsache dienen und zu ihr in einem räumlichen Verhältnis stehen.

Stichwortregister